GIORGIA SALATIELLO

IL PROBLEMA DELLA STORIA UNIVERSALE IN G.B. VICO

Cover: Serena Aureli
Impaginazione: Lisanti Srl - Roma

© 1979 Prima edizione, Tipografia Regionale, Roma

© 2015 Edizione aggiornata
Pontificio Istituto Biblico
Gregorian & Biblical Press
Piazza della Pilotta 35, 00187 - Roma
www.gbpress.net - books@biblicum.com

ISBN 978-88-7839-312-7

A Federico

INTRODUZIONE ALLA SECONDA EDIZIONE

Nel momento in cui si da alla stampa questa seconda edizione sembra utile ed opportuno indicare brevemente le ragioni che giustificano la decisione di ripubblicare un piccolo testo che ha ormai molti anni e che, altrimenti, risulterebbe introvabile.

Tali ragioni possono essere ricondotte tutte alla convinzione che la riflessione di Vico sulla storia come ambito privilegiato non solo dell'agire, ma anche del pensare umano sia oggi ancora più attuale e significativa che in passato. Da una parte, infatti, si assiste ad una profonda crisi delle varie forme di razionalismo, che privilegiano le considerazioni astratte, mentre, dall'altra, anche la fiducia illuministica nelle scienze esatte per la soluzione dei problemi umani è ampiamente posta in discussione.

In questa cornice, l'attenzione si volge sempre più intensamente al mondo dei soggetti ed alla concretezza della loro esistenza storica per cercare se sia possibile trovare per quest'ultima un orientamento che la renda significativa. In una prospettiva cristiana, poi, ciò implica che ci si interroghi sul rapporto tra Dio, come Provvidenza ed Amore infiniti, e la storia con i suoi evidenti progressi, ma anche, innegabilmente, con i suoi orrori e le sue tragedie.

Tutte le questioni ora richiamate in estrema sintesi sono proprio quelle che sono al centro della filosofia di Vico, conferendole la sua autonoma fisionomia e rendendola sicuramente stimolante per ulteriori ricerche ed approfondimenti.

Come conclusione di questa rapida introduzione si desidera, infine, ricordare con gratitudine il compianto Prof. Michele Biscione che all'epoca della prima edizione insegnava Filosofia della Storia nella Facoltà di Filosofia dell'Università "Sapienza" di Roma e che aveva seguito ed incoraggiato lo studio effettuato, volendone presentare la pubblicazione.

Giorgia Salatiello

PRESENTAZIONE

Il problema della storia universale è stato riproposto alla considerazione non soltanto da una letteratura di dichiarata ispirazione apologetica e religiosa, ma anche dalla polemica anti-hegeliana e anti-storicistica di autori e filosofi passati prevalentemente attraverso l'esperienza dell'esistenzialismo, oltre che da storici della filosofia e del pensiero politico medioevale. Per un altro aspetto, l'approfondimento delle radici settecentesche pietistiche del pensiero di Hegel ha mostrato che nella concezione hegeliana della storia universale l'elemento teologico-religioso, anche se intenzionalmente « demitizzato » e razionalizzato, fino ad assumere l'aspetto di una rigorosa teoria dello svolgimento, ha avuto una grande e decisiva importanza.

Era dunque opportuno, per la fecondità dei risultati acquisiti, porsi il problema del significato della storia universale anche per un filosofo come Edipo, al quale il pensiero moderno deve delle essenziali intuizioni circa il modo di intendere la natura della storia. Ed è appunto questo l'intento da cui nasce il presente lavoro.

Non si trattava di rifare la storia del concetto intimamente antinomico, oscillante e travagliato che Vico ha della Provvidenza per ragioni che certo non sono soltanto di ordine religioso. Del resto, un'esegeta così profondo e così sovvertitore come Bultmann non ha forse insistito nel sottolineare le radici filosofiche, stoiche e razionali del concetto? Né si trattava di affrontare il tema della ortodossia cattolica di Vico, uomo la cui formazione cade nell'ultimo Seicento napoletano. Si trattava bensì di vedere come attraverso la critica di ogni determinismo meccanicistico, che altro non era se non l'anticipato rifiuto di quella che poco più tardi si sarebbe proposta come la concezione del progresso automatico, garantito dall'incremento delle scienze, Vico riusciva a pensare una teoria della storia in quanto avanzamento; cioè non come svolgimento organico-biologico, né come sviluppo necessario in cui il significato di ogni evento va scorto in relazione al tutto di cui l'evento fa parte, ma come arricchimento, opera, creazione di valori immanenti, e infine chiarificazione filosofica che l'uomo fa della sua essenza.

Questa ricerca è stata condotta in modo assai limpido e con risultati particolarmente fecondi, come potrà agevolmente scorgere chi percorra le pagine che seguono. All'indagine Vico si rivela non un filosofo che ha dovuto larvarsi di una ortodossia dietro la quale sviluppare indisturbato la trama del suo pensiero, ma un pensatore di genio che nella storia universale di ispirazione cristiana seleziona o introduce quegli elementi che erano corrispondenti alla più profonda ispirazione del suo pensiero. Accadeva così a Vico di operare un capovolgimento della tradizionale distinzione di storia sacra e storia profana, per cui la vera storia sacra non è già la storia del popolo eletto, sigillata ad ogni comprensione umana, ma la storia travagliosa dell'umanità gentilesca e della feccia di Romolo, da cui nasce la società, lo Stato, la civiltà.

Non certo un nuovo Vico emerge dalla ricerca, ma l'anticipazione di motivi che saranno tipici del secondo settecento (come l'idea della storia in quanto educazione del genere umano, o del distacco dalla guida della natura e dell'istinto come inizio della avventura umana) risulta confermata con particolare energia e persuasività, sicché la stessa fisionomia di Vico si fa meno solitaria e più legata agli interessi di un futuro immediato. Per questo aspetto, anzi, come per il concetto del « dispiegamento della mente », Vico fornisce la formula di una nuova logica, che è senza dubbio già la logica intrinseca al criticismo kantiano, ma che in Kant è ancora impedita dal rivelare tutta la sua efficacia a causa della preminenza che Kant attribuisce alla conoscenza della natura sulla conoscenza della storia. E per giunta questo vichiano « dispiegamento della mente » è libero da tutti i meccanismi teologici e metafisici che graveranno il dispiegamento dell'Idea hegeliana.

L'idea cristiana della storia e della salvezza, tradotta in termini di interiorità, fornisce quella sua universalità che per troppi aspetti rimaneva materiale e cronologica, diventa dunque l'essenziale legame che unisce Vico al pensiero moderno. Questa è l'importante conclusione che senza forzature e con molto rispetto della realtà storica il lavoro della giovane studiosa suggerisce.

MICHELE BISCIONE

PREFAZIONE

In queste pagine mi propongo di esaminare quale sia il concetto che della storia universale G. B. Vico formula ed elabora nella sua opera principale, ossia la « Scienza Nuova ». A tale scopo è necessario prendere in considerazione i diversi motivi che costituiscono questo concetto e che, a loro volta, ricevono da esso la loro specifica fisionomia in quanto vengono inseriti in una determinata visione del mondo storico. Inoltre, questa analisi, mirante a cogliere l'articolazione interna del pensiero di Vico, non può prescindere dal riferimento alla teologia cristiana della storia, reso indispensabile da due importanti ragioni. La prima di esse è data dallo stretto legame che unisce la riflessione vichiana alla tradizione cattolica, accettata integralmente, senza alcun esame critico preliminarmente volto a dimostrarne la fondatezza.

La seconda ragione è di carattere più generale e dipende dalla natura del concetto stesso della storia universale, i cui presupposti, qualunque sia poi la formulazione che esso riceve, sono innegabilmente di origine teologica. Infatti ogni tentativo compiuto per attribuire un significato universale all'intero processo storico, cioè ogni « filosofia della storia », intendendo con questo termine « l'interpretazione sistematica della storia universale alla luce di un principio per cui gli eventi storici e le loro conseguenze vengono posti in connessione e riferiti a un significato ultimo » (1), deriva, più o meno direttamente, dalla concezione secondo cui la storia è guidata dall'opera della Provvidenza verso un fine assoluto e trascendente che dà valore e significato ai singoli eventi.

Tuttavia, nonostante questo fondo comune alle diverse posizioni, la ricerca del significato universale della storia non si confi-

---

(1) K. Löwith: « Significato e fine della storia », ed. Comunità, 1965, pag. 21.

gura come un unico problema al quale siano fornite differenti soluzioni dai vari pensatori delle diverse epoche (2). Ciascuno di essi, infatti, si stacca dagli altri in misura notevole non solo per le esigenze filosofiche che fa valere nei riguardi della storia, ma anche per la scelta degli eventi da considerare, giacché l'universalità del significato non implica una visione generale dell'intero divenire storico, proprio come accade con gli schemi teologici incentrati sulla storia della salvezza.

Un orizzonte più ampio è ottenuto dalle storie universali che, dal diciannovesimo secolo in poi, vengono scritte sotto lo stimolo del positivismo, ma, in questo caso, la globalità comporta la perdita dell'universalità vera e propria, poiché le varie sezioni storiche sono accostate senza la guida di un principio unitario che valga per tutte.

Proprio sulla base di queste considerazioni, emerge l'importanza dell'opera di Vico in cui lo schema teologico conserva ancora buona parte della sua validità (malgrado le trasformazioni profonde che la successiva analisi metterà in luce) dando unità e coerenza al vastissimo materiale concretamente storico che l'autore prende in esame, rivelando con ciò l'esigenza di una ricerca critica ed esauriente che trascenda i limiti degli avvenimenti tradizionalmente riconosciuti come significativi.

---

(2) E. RAGIONIERI: « La polemica su la Weltgeschichte », Roma, 1951, pagg. 9-18.

CAPITOLO I

ORIGINE DEL CONCETTO DELLA STORIA UNIVERSALE E BASI DELLA RIFLESSIONE VICHIANA

La storia non costituisce, nel pensiero cristiano delle origini, un oggetto di riflessione autonoma, ma è subordinata alla prospettiva escatologica che domina il messaggio evangelico (1). Innanzi tutto si ha una netta distinzione tra la storia della salvezza, che ha il suo evento centrale nella vita di Cristo (2), e la storia profana che comprende tutti gli avvenimenti non direttamente riconducibili a quella linea fondamentale che congiunge la prima apparizione di Cristo con il suo ritorno alla fine dei tempi (3). Tuttavia, pur nell'ambito di una precisa differenza di valutazione dei due tipi di storia, vi è un unico atteggiamento di fondo nei riguardi di entrambe, in virtù del quale non si cerca la spiegazione dei fatti storici all'interno di essi, ma si attribuisce loro un significato solo in quanto siano riconducibili al fine trascendente oggetto di fede (4). La storia, pertanto,

---

(1) Per il problema dell'escatologia nel cristianesimo primitivo:
R. BULTMANN: «Storia ed escatologia», Milano 1962, pagg. 41-50 e pagg. 51-62.
O. CULMANN: «Cristo e il tempo», Bologna 1965, pagg. 106-119 e pagg. 170-174.
A. DEMPF: «Sacrum Imperium», Messina 1924, pagg. 1-18.
(2) Dalle pagine succitate di Bultmann e Culmann emerge con chiarezza come, proprio per la posizione centrale della vita di Cristo, l'attesa escatologica cristiana si differenzi dai motivi escatologici presenti nel Vecchio Testamento.
(3) «Non esiste per il cristianesimo primitivo che questa sola ed unica linea della storia divina, per la quale, dall'inizio sino alla fine, vale il principio: tutto viene da Dio e va a Dio e tutto è attraverso Cristo, attraverso la Parola». O. CULMANN: «Cristo e il tempo», Bologna 1965, pag. 213.
(4) Ciò pone, evidentemente, un grave limite alla possibilità di una effettiva comprensione storica e contribuisce a spiegare perché il pensiero cristiano dei primi secoli non abbia dato origine ad una vera e propria storio-

qualora non venga semplicemente rifiutata come il regno del peccato e della dannazione, acquista valore di universalità in quanto appare diretta dalla Provvidenza divina che volge al suo fine anche ciò che agli occhi umani può sembrare completamente estraneo ad esso (5).

Strettamente connessa con questa fiducia di poter trovare ovunque l'attiva presenza divina, vi è poi una particolare maniera di intendere il concetto della Rivelazione, per cui, più che l'aspetto di evento unico e irrepetibile, si tende a sottolinearne l'efficacia continua e progressiva nella storia che viene così vista come una graduale educazione del genere umano (6).

Una prospettiva di questo genere, quale possiamo ritrovare nel pensiero di Ireneo di Lione (II sec.), pur non togliendo nulla del suo valore al fine trascendente della storia, offre, tuttavia, la possibilità di un positivo apprezzamento di quegli avvenimenti ed isti-

---

grafia, pur avendo colto la dimensione essenzialmente storica in cui si colloca l'esistenza umana individuale, staccandosi, in questo, dal naturalismo greco che concepiva la vita degli individui alla stregua di qualsiasi fenomeno cosmico.

Per i motivi dominanti della storiografia greca:
R. BULTMANN: « Storia ed escatologia », Milano 1962, pagg. 26, 27, 28 e 29;
S. MAZZARINO: « Il pensiero storico classico », Bari 1966, pagg. 1 - 20.

(5) «... il cristianesimo primitivo, nonostante tutto il suo concentrarsi sulla linea della salvezza intesa nel senso più specifico o, anzi, partendo da essa, tien presente l'intera storia universale " e questa " ... si trova inserita nell'accadimento della salvezza nei tre punti essenziali della linea della salvezza escatologica. Nella creazione: tutto è creato attraverso Cristo; nella morte e resurrezione di Cristo: tutto è riconciliato attraverso di Lui; nel compimento escatologico: tutto sarà sottomesso a Dio, che è tutto in tutto ».
O. CULMANN: « Cristo e il tempo », Bologna 1965, pagg. 211, 212 e 213.

Inoltre per la questione dell'inconsapevole contributo degli Stati profani alla storia della salvezza: op. cit. pagg. 226 - 246.

(6) Questa educazione dell'umanità comporta innanzi tutto, sul piano più strettamente religioso, la diffusione del messaggio evangelico, considerata come il primo compito della Chiesa fondata da Cristo.

« Orbene, il compito essenziale che incombe alla Chiesa per il suo tempo, la predicazione missionaria del Vangelo, è nello stesso tempo considerato come un segno precursore della fine del mondo.

« Questo compito missionario della Chiesa, la sua predicazione del Vangelo, dà al tempo tra la resurrezione e la parusia di Cristo il suo specifico significato storico - salvifico in rapporto alla sovranità attuale di Cristo ».
O. CULMANN: op. cit., pag. 189.

tuti storici che sembrano in grado di contribuire al progresso dell'umanità.

Questa concezione della storia come storia della civiltà umana che tende ad un miglioramento trova, inoltre, un terreno favorevole al suo sviluppo, preparatole dal lento affievolirsi dei motivi apocalittici che, alle origini, caratterizzavano il cristianesimo e per i quali il mondo presente non è altro che l'evo del male destinato a soccombere dinanzi all'imminente vittoria del nuovo Regno. Alla luce di questa fede, è quindi negato ogni valore alla storia e in essa, interpretata simbolicamente, si cercano solo i segni della prossima rigenerazione.

Le continue delusioni di fronte ai numerosi calcoli preannuncianti il momento della fine portano ad un graduale abbandono di questa attesa apocalittica, anche se essa non viene mai meno del tutto e resta come una delle componenti del pensiero cristiano, destinata a risorgere con nuovo vigore nel Medioevo (7).

L'universalità del processo storico, implicita in una concezione che, come quella di Ireneo, affermi l'idea di un graduale sviluppo umano, è tuttavia compromessa dalla radicale separazione che ancora sussiste tra la storia sacra, delimitata dalle due apparizioni di Cristo che dànno ad essa un preciso significato unitario (8), e la storia profana che, malgrado l'opera onnipresente della Provvidenza, lascia un notevole margine all'arbitrio umano e non si presta ad una interpretazione unificante.

Il superamento di questa frattura è opera di Eusebio di Cesanea (III - IV sec.) (9) che, con la teoria dei « loghi semina-

---

(7) Per la graduale trasformazione della concezione apocalittico-escatologica nei primi secoli dopo la predicazione di Cristo: R. Bultmann: « Storia ed escatologia », Milano 1962, pagg. 62 - 69.

(8) « La ragione interna di questa unità si trova nel fatto specifico dell'avvenimento di Cristo che domina tutto questo periodo:

« Cristo regna su tutte le cose in cielo e in terra. Centro spaziale di questa sovranità è la Chiesa, che rappresenta il suo corpo sulla terra ». O. Cullmann: « Cristo e il tempo », Bologna 1965, pag. 182.

(9) Per Eusebio di Cesarea:
R. Bultmann: « Storia ed escatologia », Milano 1962, pagg. 71 - 74.
A. Dempf: « Sacrum Imperium », Messina 1924, pagg. 40 - 44.

nali » (10), di origine classica, riesce a dare un reale significato universale all'intero divenire storico e, inoltre, a inserire anche la dimensione politica nella considerazione dell'ininterrotto cammino della civiltà.

Con il concetto dei « loghi seminali », al di là della persona e dell'opera di Cristo, non si ha più soltanto una generica e spesso incomprensibile azione della Provvidenza, ma i singoli avvenimenti storici e soprattutto gli istituti della storia politica, anche se distanti nel tempo e nello spazio dalla linea della storia della salvezza, appaiono ordinati da un preciso disegno divino alla realizzazione della civiltà umana, che è la condizione e nello stesso tempo il risultato del trionfo della vera fede (11).

In base a questa concezione, la molteplicità di stati che si è avuta prima della venuta di Cristo, non è più vista come un arbitrario prodotto della forza umana, ma ciascuno di essi ha contribuito a garantire quelle condizioni di pace e di legalità che consentono il progresso civile. La medesima funzione, potenziata dal suo carattere di unicità, è riconosciuta all'Impero romano che, consentendo la realizzazione di una situazione universale di pace, è la condizione decisiva della diffusione della vera religione, così come questa, d'altra parte, rappresenta il perfezionamento dell'opera, intrapresa dall'Impero, di instaurazione di una società pacifica e civile. Cristianesimo ed Impero vengono così strettamente congiunti nel pensiero di Eusebio che, completamente estraneo all'aspetto apocalittico dell'attesa escatologica, li considera entrambi volti ad un medesimo fine che, sebbene posto da Dio, è intrinseco al processo storico medesimo (12).

Questa teologia imperiale in cui alla glorificazione della vera religione si accompagna l'esaltazione del carattere provvidenziale dell'Impero, sebbene venga poi ripresa ed elaborata nel Medioevo

---

(10) Per il concetto dei « loghi seminali »: A. DEMPF: op. cit., pag. 26 e 27.
(11) O. CULMANN: « Cristo e il tempo », Bologna 1965, pagg. 226-246.
(12) A. DEMPF: « Sacrum Imperium », Messina 1924, pagg. 44-47.

come giustificazione dei nuovi ordinamenti politici, è invece rifiutata da Agostino (V sec.) (13) che scinde decisamente il destino e la missione del Cristianesimo da quelli di ogni potenza terrena.

Per Agostino, infatti, la storia ha un significato universale ed è un processo unitario in quanto è diretta dalla volontà divina verso un unico fine, ma questo è assolutamente trascendente rispetto al divenire storico e nessuno degli eventi che si verificano in esso costituisce un diretto strumento per la sua realizzazione. La Città di Dio non si identifica con nessun altro ordinamento terreno, ma si colloca su di un piano trascendente, così da non coincidere neppure con la Chiesa visibile.

Il Cristianesimo, dunque, è destinato a trionfare, ma questo trionfo è determinato in rapporto al suo fine intrinseco posto in origine da Dio e non va inteso nel senso di una sua diffusione nel mondo della storia.

Quindi il simbolismo che viene applicato da Agostino all'intero processo storico serve a stabilire solamente una sua periodizzazione in funzione dell'evento finale, ma non porta a vedere nei singoli avvenimenti alcun segno della sua realizzazione che è appunto, totalmente indipendente da essi.

Tutti i temi finora considerati ricompaiono nel pensiero cristiano medievale (14) quando esso, pur nell'ambito dei suoi interessi prevalentemente religiosi, assume la storia come oggetto di riflessione. In primo luogo, dopo i secoli dell'alto Medioevo, in cui è estremamente difficile trovare qualcosa di più che una semplice trascrizione di dati, si ha un'imponente ripresa degli schemi di interpretazione simbolica applicati alla storia che vengono utilizzati sia in funzione delle visioni apocalittiche che in questo periodo riac-

---

(13) Per Agostino:
R. BULTMANN: « Storia ed escatologia », Milano 1962, pagg. 74-77;
A. DEMPF: « Sacrum Imperium », Messina 1924, pagg. 48-64.
K. LÖWITH: « Significato e fine della storia », ed. Comunità, 1965, pagg. 185-198.
(14) R. BULTMANN: « Storia ed escatologia », Milano 1962, pag. 77 e 78.

quistano diffusione, sia per giustificare concezioni che si ricollegano alla teologia imperiale di Eusebio (15).

Gli schemi simbolici di cui ci si serve per dare fondamento all'attesa apocalittica di una prossima rigenerazione dell'umanità e soprattutto della religione sono molteplici e differenti fra loro, ma caratteristica comune a tutti è una considerazione della storia nella sua universalità per cui essa appare come una trama di avvenimenti che, se correttamente interpretati, rivelano il piano divino che presiede ad essa e rinviano direttamente all'evento decisivo verso cui tutto tende.

Così, ad esempio, Gioacchino da Fiore (XII sec.) (16) si serve del concetto trinitario per una periodizzazione della storia secondo la quale all'età del Padre è seguita quella del Figlio che deve preparare l'avvento dell'ultima, decisiva età dello Spirito che rappresenta il coronamento di tutto il divenire storico. Quindi anche la vita terrena di Cristo, pur non perdendo il suo valore di evento centrale, viene inserita nel processo storico e, sebbene vista come il compimento di ciò che era stato annunciato, viene tuttavia considerata anche come preparazione di un più elevato grado di spiritualità, raggiungibile nel corso della stessa storia.

I motivi apocalittici e l'interpretazione simbolica dei fatti storici stanno alla base anche di quella teologia imperiale che proprio dalla certezza dell'avvento dell'ultima età trae la ragione per la giustificazione e l'esaltazione dell'Impero, visto come il principale strumento della volontà divina per la realizzazione del fine ultimo. Circa il suo carattere provvidenziale non sussistono dubbi in quanto esso è svelato, appunto, dalla precisa rispondenza di una fitta trama di simboli. Nell'ambito di questa concezione, la fede nell'immi-

---

(15) Il simbolismo medievale raggiunse la sua massima fioritura in Germania nel dodicesimo secolo: A. DEMPF: « Sacrum Imperium », Messina 1924, pagg. 167-171.

(16) Per Gioacchino da Fiore:
A. DEMPF: op. cit., pagg. 209-224.
K. LÖWITH: « Significato e fine della storia », ed. Comunità, 1965, pagg. 169-183.

nente inizio di una nuova età di perfezione, resa possibile dalla diffusione del monachesimo, considerato come la nuova forza per la rigenerazione della Chiesa, permette, quindi, ad Ottone di Frisinga di volgere la sua attenzione alla concreta realtà politica rappresentata dall'Impero e, in modo particolare, dalla figura di Federico I (17).

L'attesa apocalittica unita al motivo della teologia imperiale consente così una visione della storia che, pur non perdendo di vista il fine ultimo che dà ad essa un significato universale, porta ad un reale interesse per quegli avvenimenti che si inseriscono tra il principio e la meta del divenire.

Se nei primi teorici di questa concezione l'interesse politico rimane sempre subordinato alla generale prospettiva religiosa, col passare del tempo, via via che il peso delle lotte politiche diventa maggiore, esso tende a divenire predominante e da elemento dipendente si trasforma nel fulcro della riflessione che assume la base religiosa solo come strumento per il raggiungimento dei propri fini.

Si ha, così, un capovolgimento di posizioni per cui una teoria mirante a ricondurre ogni realtà storica entro i limiti ben precisi di una visione integralmente religiosa, si trasforma in un'ideologia politica che si serve del fondamento religioso solo per giustificare una situazione storica affermatasi indipendentemente da esso (18).

L'interesse per gli avvenimenti concreti e particolari diviene maggiore, ma, ovviamente, la storia perde gran parte del significato universale che le deriva dall'essere interpretata in funzione esclusiva di un fine divino e trascendente.

Solo nell'opera di Bossuet (XVII sec.) (19) l'interesse politico, volto ad affermare il primato della monarchia francese per mezzo

---

(17) Per Ottone di Frisinga: A. Dempf: « Sacrum Imperium », Messina 1924, pagg. 186 - 191.

(18) Per l'evoluzione delle concezioni politiche e dei rapporti tra Stato e Chiesa nel Medioevo: A. Dempf: op. cit., pag. 259 - 277.

(19) Per Bossuet:
K. Löwith: « Significato e fine della storia », ed. Comunità, 1965, pagg. 161 - 168.
R. Bultmann: « Storia ed escatologia », Milano 1962, pag. 79.

della teoria della « translatio » (20), ossia delle successioni dei regni disposta dalla volontà divina, viene nuovamente inserito in una visione estesa a tutta la storia che ha un preciso valore di universalità in quanto è ovunque diretta dalla Provvidenza che indirizza tutto ad un identico fine.

Ricompare in Bossuet la distinzione tra storia sacra e profana, ma questa non compromette il significato universale del processo storico, in quanto si tratta essenzialmente di una distinzione tra strumenti e fine, dal momento che la storia profana è vista come il mezzo per la realizzazione di quel fine divino che trova il suo compimento lungo la linea della storia sacra.

La periodizzazione della storia e la grande attenzione rivolta alle profezie che trovano, secondo Bossuet, un puntuale compimento, non comportano, tuttavia, un'attesa escatologica, ma tendono a mostrare come tutto, nella storia, sia predeterminato da un preciso disegno divino e come dietro i progetti e gli intenti umani, la vera forza motrice degli eventi storici sia solamente la Provvidenza che si serve anche di ciò che sembra mirare a fini particolari tra loro contrastanti.

La visione cristiana della storia, dominata dall'azione della Provvidenza che indirizza l'intero processo verso un fine trascendente, trova, quindi, in Bossuet uno strenuo difensore, che, anzi, vede in essa l'unica arma efficace contro l'ateismo e ogni forma di libero pensiero (21).

Altri autori, sia contemporanei di Bossuet, sia, soprattutto, nel periodo immediatamente successivo, rivolgono le loro accuse e la loro critica più serrata contro questa concezione ed essa verrà poi fatta oggetto di una demolizione sistematica da parte del pensiero illuministico (22).

---

(20) Per la teoria della « translatio imperii »: A. Dempf: « Sacrum Imperium », Messina 1924, pag. 76 e 77.

(21) Per la figura e l'opera di Bossuet nel contesto culturale del diciassettesimo secolo: P. Hazard: « La crisi della coscienza europea », Torino 1968, pagg. 246 - 266.

(22) Tuttavia i rapporti tra la concezione cristiana della storia e il pensiero che sorge sulla base del movimento illuministico sono estremamente com-

Del resto, proprio il carattere dogmatico e aprioristico di un simile modo di considerare la storia spiega come la difesa intransigente o il rifiuto totale siano le posizioni che più facilmente si possono assumere nei suoi confronti. Infatti, la possibilità di uno svolgimento razionale dall'interno, tale, cioè, da sviluppare i motivi più fecondi ed eliminare le contraddizioni, è preclusa dal fondamento stesso di questa visione della storia che è costituito da un dato assoluto e trascendente, oggetto di fede e non di comprensione razionale.

Non è quindi possibile una fusione intima tra questa concezione provvidenziale e una reale considerazione filosofica della storia, ma può solamente verificarsi uno scontro che, mentre da un lato pone gravi limiti all'elemento razionale, dall'altro modifica in profondità gli stessi dati di fede. Questo è, in sostanza, ciò che si verifica nel periodo di Vico (23) che è l'unico in cui ad una sincera adesione a tali motivi dogmatici e tradizionali si accompagni una vera ed originale ricostruzione filosofica del processo storico, fondata su nuove basi gnoseologiche. Tuttavia, sebbene nell'opera di Vico non manchino certamente le incertezze e le contraddizioni, grazie alla profondità e alla forza della sua riflessione, proprio dal contrasto esistente tra questi due differenti modi di accostarsi alla storia, scaturisce una nuova visione totale del mondo umano, capace

---

plessi e, nonostante l'esplicito rifiuto della teologia della storia da parte della storiografia illuministica, bisogna tener presente che essa trae le sue caratteristiche fondamentali proprio dalla secolarizzazione dei principali concetti della visione cristiana. Infatti « L'idea dell'unità della storia si conserva per lo meno in generale. Rimane ugualmente viva l'idea che il corso della storia sia diretto a un fine, ma il concetto di Provvidenza è sostituito da quello di un progresso della scienza. L'idea di perfezione escatologica si trasforma in quella di un sempre maggiore benessere per l'umanità ».

R. Bultmann: « Storia ed escatologia », Milano 1962, pag. 89. Inoltre: pagg. 81 - 89.

K. Löwith: « Significato e fine della storia », ed. Comunità, 1965, pagg. 81 - 123.

(23) L'opera principale di Vico « Principî di Scienza Nuova d'intorno alla comune natura delle nazioni » fu pubblicato per la prima volta nel 1725, quindi, rivista, nel 1730 e, infine, in una forma notevolmente modificata, nel 1744. Su questa edizione del 1744, nota come « Seconda Scienza Nuova » si fonda la presente esposizione.

di salvare, seppure in un senso diverso, l'universalità del processo storico. Mentre la concezione cristiana della storia, fondata sulla idea della storia della salvezza, si inserisce in un più vasto complesso di dottrine dogmatiche accettate e che Vico non accenna neppure a porre in discussione, i motivi genuinamente filosofici che nella sua opera danno nuova vita a quella concezione stessa, sono il risultato dell'applicazione alla storia dei principi contrapposti da Vico ai criteri di conoscenza stabiliti dal cartesianesimo.

Sebbene una trattazione degli aspetti strettamente logici del pensiero di Vico (24) esuli dai limiti di questa ricerca, è tuttavia necessario farvi cenno perché solo fondandosi su tali premesse è possibile a Vico sottrarsi tanto alla svalutazione della storia sostenuta dai cartesiani, quanto all'assorbimento di essa negli schemi precostituiti della tradizione cristiana, indifferenti ad una reale comprensione degli eventi. Infatti, in base al principio vichiano del « verum et factum convertuntur » (25), l'uomo, che indubbiamente è l'artefice della sua stessa storia, può averne una conoscenza pienamente razionale che, d'altra parte, richiede, sempre secondo lo stesso principio, l'esistenza di una razionalità intrinseca al processo storico medesimo (26).

---

(24) Per la gnoseologia vichiana: B. Croce: « La filosofia di G. B. Vico », Bari 1962, pagg. 11 - 27 e pagg. 28 - 40.

(25) « In latino "verum" e "factum" hanno relazione reciproca, ovvero, nel linguaggio delle Scuole, si convertono ». « Il vero si identifica col fatto, di conseguenza il primo vero è Dio, perché Dio è il primo facitore ». G. B. Vico: « De antiquissima italorum sapientia », ed. Sansoni, Firenze 1971, pag. 62.

(26) « Onde questa Scienza viene nello stesso tempo a descrivere una storia ideal eterna, sopra la quale corron in tempo le storie di tutte le nazioni ne' loro sorgimenti, progressi, stati, decadenze e fini. Anzi ci avvanziamo ad affermare ch'in tanto chi medita questa Scienza egli narri a se stesso questa storia ideal eterna, in quanto, essendo questo mondo di nazioni certamente fatto dagli uomini (chè il primo principio indubitato che se n'è posto qui sopra), e perciò dovendosene ritruovare la guisa dentro le modificazioni della nostra medesima mente umana, egli, in quella pruova dovette, deve, dovrà, esso stesso sel faccia, perchè, ove avvenga che chi fa le cose esso stesso le narri, ivi non può esser più certa l'istoria. Così questa scienza procede appunto come la geometria, che, mentre sopra i suoi elementi li costruisce o 'l contempla, essa stessa si faccia il modo delle grandezze, ma con tanto più di realtà quanto più ne hanno gli ordini d'intorno alle faccende degli uomini,

Se, cioè, il criterio di verità consiste nel poter identificare l'oggetto conosciuto con un prodotto del soggetto conoscente, il materiale molteplice ed eterogeneo offerto dal mondo della storia deve rivelare in se stesso le medesime leggi che valgono per quella ragione umana che l'ha prodotto e che, per questo stesso, lo conosce (27). Viene quindi capovolta l'antitesi tra la natura fisica, oggetto di conoscenza razionale, e il mondo umano, regno dell'opinione e dell'arbitrio, e viene, nello stesso tempo, rifiutata l'imposizione a quest'ultimo di ogni schema estrinseco che non coincida con la coerenza e razionalità propria del corso storico. Il nuovo concetto vichiano di verità e le conseguenze che esso porta nella valutazione del mondo umano definiscono, quindi, la concezione di Vico nei confronti del cartesianesimo nel senso di una decisa opposizione, mentre invece, non implicano immediatamente una critica o una negazione dei principi della tradizione cristiana che, anzi, sembrano ricevere una ulteriore conferma. Infatti, l'affermazione che si conosce solo ciò che si fa, ribadisce, agli occhi di Vico, l'infinita differenza tra Dio che crea e conosce l'universo intero e l'uomo che non può andare oltre i limiti della storia da esso prodotta.

Inoltre, l'indagine razionale che viene ora intrapresa nei riguardi del processo storico deve servire, secondo Vico, a mostrare l'intervento divino in un campo finora trascurato e ciò è possibile in quanto, anche nella storia, la creatività e provvidenzialità divine non sono minimamente compromesse dal nuovo concetto della produttività umana.

---

che non ne hanno punti, linee, superfici e figure. E questo istesso è argomento che tali pruove sieno d'una spezie divina e che debbano, o leggitore, arrecarti un divin piacere, perché in Dio il conoscere e 'l fare è una medesima cosa ». G. B. Vico: « Principi di Scienza Nuova », ed. Sansoni, Firenze 1971, pag. 467.

(27) « Di tal maniera questa Scienza viene ad essere ad un fiato una storia delle idee, costumi e fatti del gener umano; e da tutti e tre si vedranno uscir i principi della storia della natura umana, e questi esser i principi della storia universale, la quale sembra ancor mancare ne' suoi principi ». G. B. Vico: op. cit., pag. 473.

La convinzione di poter inserire le proprie ricerche nel solco della tradizione cristiana viene poi rafforzata, nel pensiero di Vico, da un'importante caratteristica comune alle prime e alla seconda. Infatti, tanto alla luce della fede e del concetto della Provvidenza divina, quanto secondo le nuove premesse gnoseologiche, ogni singolo evento storico a cui ci si accosta non è un frammento isolato che ha in se stesso la propria giustificazione, ma riceve un più alto significato dal suo inserimento nell'intero processo. Quindi, sebbene proprio a questo proposito si dovranno poi rendere più evidenti le differenze circa il carattere e il fine del processo stesso, l'impostazione, da un punto di vista formale, è la medesima e conferisce un'apparenza di piena ortodossia all'opera che Vico intraprende.

Queste considerazioni traggono la loro origine da una lettura critica, ma non trovano alcuna conferma in affermazioni testuali di Vico che non formula mai esplicitamente il problema del rapporto tra la concezione che viene svolgendo e quella tradizionale. Tale rapporto, infatti, pur essendo in realtà molto complesso, viene avvertito da Vico nel senso di una quasi completa identità e le contraddizioni servono da stimolo per un ulteriore approfondimento nella ricerca anche se, talvolta, proprio dallo sforzo di superarle, sorgano i motivi e i concetti meno filosoficamente e criticamente fondati della intera costruzione.

Certamente Vico è debitore alla grandissima concezione cristiana della storia universale che tende verso un unico fine che, pur essendo trascendente, fa sentire ovunque la sua presenza determinante, ma la natura stessa della sua indagine, fondata su un esame critico dei singoli contesti storici, deve portarlo necessariamente a superarla nel momento stesso in cui ritiene di arricchirla e verificarla. L'idea della storia universale è, quindi, ben presente alla mente di Vico, e informa l'intera opera, ma è lo stesso concetto dell'universalità che viene profondamente modificato dando origine, nello stesso tempo, alle idee più originali e alle contraddizioni più evidenti.

Il nuovo aspetto che assume tale concetto di universalità dipende direttamente da quello che Vico stesso considera come uno dei motivi più importanti della sua riflessione, ossia l'unione della filosofia con la filologia (28). Infatti quel concetto, tipico di una considerazione religiosa o filosofica della storia, si incontra con il ricco materiale che Vico ricava dalle sue concrete ricerche storiche e filologiche e, nel momento stesso in cui plasma e dà la sua impronta a quest'ultimo, viene esso stesso trasformato.

Il concetto della storia secondo il quale essa si presenta come un processo unitario fornito di un preciso significato universale è, dunque, talmente importante e determinante nella riflessione di Vico da poter essere messo in luce anche attraverso rapidi cenni che tengano conto del quadro generale di questa concezione.

Tuttavia, l'opera di Vico è così complessa per la fusione prima accennata di elementi tradizionali, speculativi e concretamente storici (29), che, per esaminare tale concetto nelle sue implicazioni e nei suoi svolgimenti, è necessario analizzare uno per uno gli elementi che, mutuati dalla tradizione, vengono da Vico svolti e approfonditi in un senso spesso totalmente diverso. Le componenti principali di questa idea cristiana della storia, cioè la distinzione della storia sacra da quella profana, il concetto della Provvidenza e quello di un fine unico dell'intero processo, ricompaiono, quindi, nel pensiero di Vico, ma bisogna considerarli separatamente e particolareggiatamente per vedere come da essi sorga una visione della storia completamente nuova e ricca di prospettive, anche oltre la esplicita consapevolezza dell'autore.

---

(28) « Se la filosofia contempla la ragione, onde viene la scienza del vero, la filologia osserva l'autorità dell'umano arbitrio, onde viene la coscienza del certo. Questa degnità per la seconda parte diffinisce i filologi esser tutti i grammatici, istorici, critici, che son occupati intorno alla cognizione delle lingue e de' fatti de' popoli, così in casa, come sono i costumi e le leggi, come fuori, quali sono le guerre, le paci, l'allenze, i viaggi, i commerzi. Questa medesima degnità dimostra aver mancato per metà così i filosofi che non accertarono le loro ragioni con l'autorità de' filologi, come i filologi che non curarono d'avverare le loro autorità con la ragion de' filosofi (lo che se avessero fatto, sarebero stati più utili alle repubbliche e ci avrebbero prevenuto nel meditar questa Scienza) ». G. B. Vico: op. cit., pag. 434.

(29) Circa la complessità della « Scienza Nuova » e la fusione in essa di motivi differenti: B. Croce: « La filosofia di G. B. Vico », Bari 1967, pagg. 41 - 47.

Dai principi posti da Vico alla base della sua riflessione, risulta, quindi, la perfetta conoscibilità del mondo della storia e, inoltre, la convinzione che esso in quanto prodotto dall'uomo, sorga e si sviluppi secondo le stesse leggi che presiedono allo sviluppo della mente umana.

Tali leggi non si collocano su di un piano trascendente e metastorico, ma, così come rappresentano l'intima struttura della mente, analogamente, costituiscono la struttura del divenire storico e sono da questo inscindibili.

Pertanto non vi è alcuna frattura tra la dimensione ideale e quella empirica, ma l'universalità della prima coincide immediatamente con il carattere unitario del processo concreto che ne è la realizzazione.

La « storia ideale eterna » non è, quindi, per Vico qualcosa di completamente eterogeneo rispetto alla storia empirica e non è neppure costituita, come la storia cristiana della salvezza, da quegli avvenimenti che per il loro significato particolare meritano di essere inclusi in essa. Infatti, solo dalla comprensione attenta e particolareggiata dei singoli contesti concreti si possono ricavare i suoi lineamenti (« la filosofia si pone ad esaminare la filologia ... e la riduce in forma di scienza, col discoprirvi il disegno di una storia ideal eterna, sopra la quale corrono in tempo le storie di tutte le nazioni », pag. 381), così come solo avendone ben presente i principi ed il disegno generale è possibile attribuire agli eventi il loro esatto significato. Nonostante questo stretto rapporto, tale disegno ideale non va inteso nel senso di una moderna legge sociologica per la quale sia necessario il riscontro con i fatti a conferma della sua validità. Il suo valore di verità, infatti, è indiscutibile e la sua presenza, con le uniformità che mette in luce nel corso del processo storico, serve a comprendere il significato e la funzione precisa di quegli eventi la cui oscurità deriva, appunto, dalla nostra incapacità di comprenderne l'intima razionalità.

Non vi possono, quindi, essere discrepanze tra i due piani, quello razionale e quello empirico, proprio perché, in realtà, non si tratta di due piani distinti, ma della stessa storia umana vista e valutata secondo due differenti prospettive, una superficiale, l'altra mirante a cogliere ciò che si nasconde dietro le apparenze e costituisce la verità razionale della storia.

Di conseguenza, non vi possono essere eccezioni e la storia romana, a cui Vico dedica una speciale attenzione, è considerata solo come un esempio particolarmente significativo e non esaurisce la portata delle sue rivoluzionarie scoperte.

Tanto i documenti della più antica storia mediterranea e orientale, quanto i resoconti dei viaggi compiuti nelle lontane terre di recente scoperte, diventano oggetto di una nuova comprensione e contribuiscono a formare il grandioso mosaico della storia umana che viene a sostituire le ricerche slegate e le ricostruzioni arbitrarie fino a quel momento dominanti nel campo degli studi storici.

Infatti la storia ideale, conoscibile filosoficamente, non esclude affatto le molteplici storie particolari dei singoli popoli che, anzi, si svolgono proprio attraverso i gradi che la prima comprende in sé. Ogni nazione rientra con uguale diritto nel quadro della storia universale e ogni epoca mostra, nei suoi eventi, le uniformità che la compongono.

La considerazione del corso uniforme della storia non pregiudica, dunque, l'individualità dei singoli avvenimenti, allo stesso modo in cui l'identica struttura mentale degli uomini non toglie nulla al carattere individuale dei loro pensieri e delle loro azioni. Universalità e particolarità si integrano a vicenda e insieme compongono quel processo storico che solamente una visione unilaterale può considerare in uno solo dei suoi due aspetti fondamentali.

CAPITOLO II

DISTINZIONE TRA STORIA SACRA E STORIA PROFANA E CONCETTO DELLA PROVVIDENZA

Le premesse metafisiche e gnoseologiche di Vico e le immediate conseguenze della loro estensione alla storia non comportano, come si è già visto, un ripensamento nei confronti delle concezioni tradizionalmente accettate.

Il passaggio dalle enunciazioni teoriche e generali alla effettiva indagine storica pone, invece, Vico dinanzi al problema della distinzione tra la storia sacra e quella profana, mirante a garantire il valore universale del divenire storico in un senso completamente diverso da quello risultante dai principi vichiani e, in base ad essi, assolutamente inaccettabile e priva di fondamento. Malgrado l'evidenza del contrasto esistente tra la propria prospettiva e quella dogmatica e tradizionale, Vico non affronta neppure la questione, allo scopo di giungere ad una conciliazione, ma dà per scontata la validità di tale distinzione e si occupa solamente di darvi maggiore consistenza e di esaminare alcune delle conseguenze che ne derivano. La storia sacra è, dunque, accettata come un dato indiscutibile e non viene neppure compiuto il tentativo di penetrarla con i nuovi metodi critici che, invece, sono piegati al ruolo di strumenti per la dimostrazione di una verità che, in realtà, è indimostrabile proprio per il suo carattere di oggetto di fede.

La dimensione del tutto eccezionale in cui si situa la storia sacra appare con la massima chiarezza fin dalle origini preistoriche della civiltà che Vico prende attentamente in considerazione (1).

---

(1) « La storia sagra è più antica di tutte le più antiche profane che ci sono pervenute, perché narra tanto spiegatamente e per lungo tratto di più di ottocento anni lo stato di natura sotto de' patriarchi, o sia lo stato delle

Infatti, il popolo eletto non è sottoposto a nessuna delle dure prove attraverso cui passa il resto del genere umano e la sua storia non è, in effetti, uno sviluppo e un accrescimento, ma tende solo alla conservazione delle straordinarie prerogative ricevute in principio da Dio medesimo.

Il carattere soprannaturale di questa storia si manifesta, poi, lungo tutto il suo corso che si svolge in un sostanziale isolamento, in quanto i contatti con il mondo circostante non determinano alcuna influenza e non dànno luogo ad alcuno scambio culturale (2).

Questa situazione è giudicata da Vico come un « consiglio della provvidenza divina acciocché coi commerzi gentileschi non si profanasse la religione del vero Dio » (pag. 423) e in vari punti viene ribadita la completa autonomia del popolo eletto la cui civiltà non è affatto una conquista umana ricostruibile secondo criteri razionali.

Tuttavia, proprio in questa svalutazione dei rapporti con il resto dell'umanità, Vico si discosta notevolmente dalla concezione tradizionale che tende ad evidenziare tali contatti ogniqualvolta si volga a considerare la storia profana, che è ritenuta degna di esame solo nella misura in cui possa essere vista in funzione della storia sacra e ad essa ricondotta come uno strumento al suo fine. Ciò si spiega tenendo presente che alla storia profana in se stessa non è riconosciuto alcun significato e che essa, pertanto, non può avere altro scopo che quello di contribuire, per quanto è possibile, alla realizzazione della meta trascendente e assoluta a cui tende la storia sacra.

---

famiglie, sopra le quali tutti i politici convengono che poi sursero i popoli e le città, del qual stato la storia profana ce ne ha o nulla o poco e assai confusamente narrato.

« Questa degnità pruova la verità della storia sagra contro la boria delle nazioni che sopra ci ha detto Diodoro Sicolo, perocchè gli ebrei han conservato tanto spiegatamente le loro memorie fin dal principio del mondo.

« La religione ebraica fu fondata dal vero Dio sul divieto della divinazione, sulla quale sursero tutte le nazioni gentili.

« Questa degnità è una delle principali cagioni per le quali tutto il mondo delle nazioni antiche si divise tra ebrei e genti ». G. B. Vico: « Principi di Scienza Nuova », ed. Sansoni, Firenze 1971, pag. 438.

(2) G. B. Vico: op. cit., pag. 416 e pagg. 423 - 424.

Per Vico, invece, il senso del processo storico è garantito dalla sua stessa razionalità e gli eventi non possono trarre il loro valore dall'inserimento in uno schema che non coincida con le ragioni del loro svolgimento medesimo. Malgrado ciò, proprio per rafforzare la precaria distinzione tra le due storie, priva, come si è visto, di ogni fondamento razionale, Vico compie, talvolta, alcuni accostamenti miranti a trarre dal materiale storico concreto talune prove che confermino la validità di questa separazione accettata acriticamente (3). Questi tentativi rappresentano uno dei punti più deboli dell'argomentazione vichiana, ma, nello stesso tempo, permettono all'autore di proseguire nello svolgimento delle proprie idee senza ulteriori preoccupazioni per ciò che riguarda l'ortodossia della sua concezione.

Il rapporto tra la storia sacra e quella profana acquista, dundue, un significato in gran parte nuovo che è dovuto alla generale concezione che Vico ha della storia, in base alla quale, pur ammettendo alcune eccezioni ai principi stabiliti inizialmente, non si può accettare una radicale svalutazione della concreta dimensione umana nel divenire storico in favore di quella divina e trascendente.

Tuttavia, le modifiche di questo rapporto, già di per sé evidenti, appaiono ancora più profonde se vengono poste in relazione al concetto della Provvidenza divina, fondamentale tanto nella concezione cristiana tradizionale, quanto in quella di Vico. Tale concetto costituisce l'elemento principale e caratterizzante di ogni riflessione cristiana sulla storia, in quanto solo l'azione della Provvidenza può garantire che tutto sia indirizzato verso quel fine tra-

---

(3) « Da sì fatto ragionamento d'intorno alla vana oppenione ch'avevano della loro antichità queste gentili nazioni, e sopra tutte gli egizi, doveva cominciare tutto lo scibile gentilesco, tra per sapere con isciena questo importante principio, dove e quando egli ebbe i suoi primi incominciamenti nel mondo, e per assistere con ragioni anco umane a tutto il credibile cristiano, il quale tutto incomincia da ciò: che 'l primo popolo del mondo fu egli l'ebreo, di cui fu principe Adamo, il quale fu criato dal vero Dio con la creazione del mondo ». G. B. VICO: *op. cit.*, pag. 410.

Inoltre tutti i riferimenti al diluvio universale e alle sue connessioni con elementi tratti dalla storia profana: op. cit., pagine 439, 442, 455 e 456.

scendente che è posto dalla fede come un dato assoluto e indubitabile. Il campo in cui l'intervento della Provvidenza si rivela in tutta la sua pienezza è rappresentato, appunto, dalla storia sacra che mostra, in ogni suo particolare, la presenza di un preciso disegno divino. Quanto alla storia profana, questa è legata solo indirettamente e parzialmente al piano divino operante lungo la storia della salvezza e solamente se è possibile rintracciare tale legame, ossia l'opera della Provvidenza, essa assume un significato ed è degna di considerazione.

I mezzi di cui si serve la Provvidenza per intervenire nel corso della storia e raggiungere il suo fine non costituiscono, per il pensiero cristiano, un problema, poiché il suo concetto di Dio come di un essere trascendente e onnipotente implica tanto la possibilità di un intervento indiretto, usando le azioni e le intenzioni umane come uno strumento, quanto quella del miracolo e del prodigio che si realizza al di sopra e spesso, in contrasto con la volontà dell'uomo.

Questa idea dell'azione divina nella storia umana costituisce anche per Vico un punto fermo rispetto al quale non sente minimamente la necessità di far valere le proprie istanze critiche. Nonostante ciò, sebbene anche a questo proposito vi siano affermazioni di Vico che esprimono la sua intenzione di collocarsi nel solco dell'ortodossia (4), il concetto della Provvidenza che egli elabora è profondamente diverso e la sua genesi va cercata non tanto nella tradizione, quanto, piuttosto, nella sua idea della storia che procede secondo un corso razionale e uniforme.

Proprio per l'equivoco creato dal contrasto tra una terminologia tradizionale e un contenuto originale, tale concetto della Provvidenza divina è uno dei più discussi dell'intera opera vichiana e, tuttavia, è quello, forse, più importante per comprendere a fondo in che modo Vico intenda la storia e vi attribuisca un significato universale. Infatti, la presenza del concetto della Provvidenza dà un

---

(4) Bisogna ricordare soprattutto la prima pagina dell'introduzione in cui Vico presenta la sua opera come una continuazione e un'integrazione di quella di teologi e metafisici che contemplarono e dimostrarono la Provvidenza divina solo nell'ordine del mondo naturale. G.B. Vico: op. cit., pag. 379.

senso del tutto particolare alla teoria secondo cui la storia è un prodotto umano e, pur ponendo ad essa un grave limite, permette di trarne conseguenze di grande rilievo per quanto riguarda la razionalità intrinseca al processo storico.

L'affermazione vichiana secondo cui il processo storico è una creazione dell'uomo, porta come prima fondamentale conseguenza una visione in cui la storia è considerata come il regno della libertà e quindi svincolata dal dominio della necessità e della fatalità. L'uomo che con le sue opere crea la storia è un soggetto libero che agisce consapevolmente in vista di un fine che egli stesso si propone.

Tuttavia, la libertà e la finalità che vengono così risolutamente affermate sono solamente quelle del singolo individuo che agisce perseguendo un suo interesse particolare ed esse non sono assolutamente in grado di fornire al corso storico quella razionalità e universalità che Vico attribuisce ad esso.

Infatti, l'idea del fine divino, trascendente la storia, non può essere sostituita dalla esclusiva considerazione dei fini individuali che, se presi come unico motore della storia, finiscono per trasformare la libertà stessa in arbitrio, precludendo la possibilità di dare un qualunque significato all'intero corso degli eventi. Inoltre, una attenta e concreta indagine storica mostra che spesso i risultati delle azioni sono differenti, o addirittura contrastanti, rispetto agli scopi che i soggetti si prefiggono e questa osservazione fa apparire la finalità, qualora si resti alla considerazione del solo piano individuale, come destinata ad un quasi completo fallimento e incapace di realizzazione.

A questo proposito Vico è molto esplicito ed esprime con grande chiarezza la convinzione che, sebbene le singole azioni siano volute e compiute dagli individui, tuttavia da esse risultino situazioni ed eventi che vanno oltre le intenzioni dei soggetti e che costituiscono, in definitiva, la vera realtà storica (5).

La verità di questo assunto può essere provata dall'esame di qualsiasi contesto, ma acquista una evidenza particolare nel caso dei

---

(5) G. B. Vico: op. cit., pagg. 700 - 701.

primitivi che, mentre agiscono spinti dalle loro violente passioni e badando solo al loro immediato e ristretto interesse, senza neppure rendersene conto, pongono le basi della società civile di cui non hanno ancora la benché minima idea (6).

Tutto ciò potrebbe esere spiegato in due maniere diametralmente opposte: ammettendo, nel primo caso, che la libertà dell'agire umano sia solamente un'illusione e che la storia sia mossa da qualcosa di diverso e con mezzi differenti, oppure, nel secondo caso, supponendo che le stesse opere umane siano il veicolo di una volontà superiore che le dirige verso un suo fine senza, però, annullarle del tutto.

La prima di queste ipotesi non può, ovviamente, essere accolta da Vico in quanto rappresenta la negazione dei suoi presupposti fondamentali e toglie ogni valore reale alla produttività dell'uomo escludendo, nello stesso tempo, la possibilità di una ricostruzione storica razionale.

La seconda ipotesi, invece, pur limitando considerevolmente la portata delle precedenti affermazioni vichiane, non è con esse del tutto incompatibile e, anzi, può integrarle efficacemente qualora venga approfondita la natura e il fine della suddetta volontà superiore.

A questo punto, il concetto cristiano della Provvidenza può costituire soltanto la forma di un contenuto che, in realtà, trae origine dalle esigenze più profonde del pensiero vichiano e si comprende come tale concetto, proprio mentre si arricchisce di nuove e importanti dimensioni, perda gran parte dei suoi connotati tradizionali.

Innanzi tutto, riferendosi al precedente discorso sulla storia sacra, bisogna osservare che essa non rappresenta più il principale campo d'azione della Provvidenza. Infatti, la presenza e l'opera di quest'ultima è richiesta proprio da quei principi, intrinseci al divenire storico, al cui dominio Vico sottrae la storia sacra.

---

(6) G. B. Vico: op. cit., pag. 450 e pag. 464.

Il suo svolgimento non si presenta come un prodotto dell'attività umana e, pertanto, non richiede quell'intervento provvidenziale che Vico concepisce in stretta relazione all'agire dell'uomo. Come garanzia del carattere particolare di tale storia, ossia del fatto che essa raggiunga il proprio fine trascendente serbando inalterati i benefici iniziali di origine divina, viene, invece, postulato un aiuto divino di genere soprannaturale, incomprensibile in base ai criteri della conoscenza storica, così come la storia sacra è eterogenea rispetto al resto della storia umana (7).

Anche a questo proposito, dunque, Vico riesce a stabilire un accordo solo apparente tra la tradizione e lo sviluppo coerente ed organico delle proprie idee e gli elementi soprannaturali che ammette per giustificare la posizione eccezionale della storia sacra compromettono la visione universale che egli ha del processo storico, ma, nello stesso tempo, recano un danno forse maggiore proprio alla storia del popolo eletto che viene esclusa da quella sfera di razionalità che, in definitiva, coincide con la verità stessa.

Malgrado questi riferimenti alla visione cristiana, importanti soprattutto per evidenziare la complessità del pensiero di Vico, il ruolo svolto dalla Provvidenza e il significato particolare che essa assume possono essere messi in luce solo volgendosi alla storia profana, considerata tanto nel suo insieme, quanto in ciascuno dei suoi momenti.

Per prima cosa bisogna osservare che Vico non ritiene possibile una indagine storica che prenda l'avvio da un punto qualsiasi, scelto arbitrariamente secondo criteri soggettivi, ma è convinto che per comprendere il senso di ciò che si esamina sia necessario in-

---

(7) « Questa stessa (degnità) stabilisce la differenza del diritto natural degli ebrei, del diritto natural delle genti e diritto natural de' filosofi. Perché le genti n'ebbero i soli ordinari aiuti dalla provvidenza; gli ebrei n'ebbero anco aiuti estraordinari dal vero Dio, per lo che tutto il mondo delle nazioni era da essi diviso tra ebrei e genti; e i filosofi, il ragionarono più perfetto di quello che 'l costuman le genti, i quali non vennero che da duemila anni dopo essere fondate le genti ». G. B. Vico: op, cit., pag. 458. Inoltre: pagine 460 e 467.

minciare dagli inizi della storia che, in quanto tali, devono costituire il principio di ogni ricerca (8).

Certamente la storia delle epoche più remote presenta difficoltà notevoli per la scarsezza dei documenti conservati, ma proprio a questo proposito si rivela in pieno, secondo Vico, la validità dei suoi principi universali che servono ad integrare e rendere razionalmente comprensibile il materiale a nostra disposizione (9). Inoltre, gli inizi preistorici della civiltà rivestono un'eccezionale importanza in quanto per i loro caratteri peculiari sono in grado di rivelare chiaramente come operi la Provvidenza e di quali mezzi si serva per raggiungere i suoi fini. Infatti, poiché Vico ritiene che la vita associata sia connaturata all'uomo e non sia il risultato convenzionale di un calcolo utilitaristico (10), le sue origini vanno ricercate in quelle epoche remote in cui inizia la stessa vita umana. Tuttavia, liberata la preistoria dagli ornamenti mitici e fantastici, essa mostra uomini che, in realtà, somigliano molto da vicino agli animali e agiscono solo sotto l'impulso delle loro violente e selvagge passioni, mirando a scopi che non vanno oltre l'immediata sopravvivenza materiale. Non si comprende, quindi, come dalle loro azioni prive di riflessione possa nascere la società, la cui

---

(8) « Le dottrine debbono cominciare da quando cominciano le materie che trattano. Questa degnità, allogata qui per la particolare materia del diritto natural delle genti, ella è universalmente usata in tutte le materie che qui si trattano; ond'era da proporsi tralle degnità generali; ma si è posta qui, perchè in questa più che in ogni altra particolar materia fa vedere la sua verità e l'importanza del suo uso ». G. B. Vico: op. cit., pag. 458. Inoltre: pagg. 463-464.

(9) G. B. Vico: op. cit., pagg. 480, 481, 482.

(10) « Questa degnità dagli effetti diffinisce altresì la gran disputa, se vi sia diritto in natura o se egli sia nell'oppenione degli uomini; la qual è la stessa che la proposta nel corollario dell'ottava: se la natura umana sia socevole. Perché il diritto natural delle genti essendo stato ordinato dalla consuetudine (la qual Dione dice comandare da sè con piacere) non ordinato con legge (che Dione dice comandare da tiranno con forza), perocché egli è nato con essi costumi umani usciti dalla natura comune delle nazione (ch'è 'l subbietto adeguato di questa Scienza), e tal diritto conserva l'umana società; nè essendovi cosa più naturale (perchè non vi è cosa che piaccia più) che celebrare i naturali costumi: per tutto ciò la natura umana, dalla quale sono usciti tali costumi, ella è socievole ». G. B. Vico: op. cit., pag. 457.

esistenza implica, molto spesso, una repressione di quell'istinto naturale che per i primitivi è l'unico stimolo.

Proprio in questo contesto si inserisce il primo intervento della Provvidenza, decisivo per l'ulteriore svolgimento della storia umana (11). La costituzione della società civile è vista come lo scopo della sua opera che si realizza indirizzando a tal fine l'agire degli uomini che non sanno nulla di ciò che per mezzo loro si sta costituendo. Le loro azioni non vengono distolte dal raggiungimento delle proprie mete immediate ed esclusivamente materiali ed essi non sono, neppure, resi miracolosamente consapevoli del piano divino che si sta attuando, ma la nuova realtà, ossia la società umana, scaturisce proprio nel momento in cui essi credono di ottenere un risultato del tutto differente. I fini che essi perseguono non vengono negati dal superiore fine della Provvidenza, ma la realizzazione dei primi viene privata del suo carattere di evento conclusivo e diviene il mezzo per l'instaurazione del secondo (12).

La provvidenza, dunque, dà inizio al corso della storia, ma questa non è un processo meccanico, tale cioè, da poter continuare autonomamente, né, d'altra parte, gli uomini sono in grado di fare propri, consapevolmente, i fini divini e attuarli con le loro forze, cosicché l'intervento provvidenziale non è limitato alla fase iniziale del divenire storico, ma è costantemente operante lungo tutto il suo svolgimento (13).

Da questa idea della presenza della Provvidenza nella storia derivano conseguenze di fondamentale importanza per ciò che riguarda il carattere di universalità che Vico attribuisce al processo storico. Infatti, se tutti gli eventi umani concorrono alla realizzazione del medesimo piano provvidenziale, non soltanto vi è la possibilità di un loro diretto riferimento a tale disegno divino, ma sus-

---

(11) G. B. Vico: op. cit., pagg. 479, 480, 696, 697.
(12) G. B. Vico: op. cit., pagg. 568, 569, 570.
(13) A tal proposito Vico fornisce una chiara e concisa esposizione del suo pensiero nella conclusione dell'opera, in cui viene descritta riassuntivamente l'azione della Provvidenza lungo tutta la storia umana. G. B. Vico: op. cit., da pag. 696 a 701.

siste anche quella di stabilire un nesso tra fatti apparentemente privi di collegamento.

Poiché, come si è già visto, il fine della Provvidenza è costituito dalla instaurazione e conservazione della civiltà, esso non può essere raggiunto in un momento qualsiasi della storia, così da non richiedere più ulteriori preoccupazioni, ma deve essere costantemente perseguito mediante una azione ad esso appropriata. Pertanto, ogni contesto storico non rappresenta solamente una realizzazione particolare di quella forma universale che è la civiltà umana, ma contiene in sé anche le premesse per le formazioni successive che da esso si svilupperanno (14). Tutto ciò non va, certamente, inteso nel senso di un nesso meccanico di causa ed effetto e la libertà degli uomini non è compromessa da questa unitarietà che Vico mette in luce nella storia, giacché le loro azioni sono sempre concepite come il risultato della loro libera decisione di fronte a situazioni che, sebbene volte a un fine superiore, sono il prodotto della loro stessa precedente attività.

Il determinismo è completamente assente da questa visione e anche se la meta ultima è data fin dall'inizio, essa può essere raggiunta attraverso molteplici soluzioni che non sono affatto scontate o prestabilite.

---

(14) I passi precedentemente citati in rapporto all'opera della Provvidenza mettono anche in luce il nesso esistente tra le successive formazioni storiche. Specialmente nella conclusione tale nesso viene posto in primo piano, mostrando la continuità dell'azione provvidenziale.

CAPITOLO III

ORIGINE E FUNZIONE DEL DIRITTO,
GENESI DEGLI STATI

Il rapporto tra le enunciazioni filosofiche circa il disegno ideale della storia e la concreta ricerca storica e filologica non implica, come si è già visto in precedenza, alcuna dipendenza delle prime dalla seconda per ciò che riguarda la verità ad esse intrinseca. Questo non significa, tuttavia, che tale rapporto sia di secondaria importanza e, anzi, si può dire che l'elemento costante della « Scienza nuova » sia costituito proprio dal continuo contatto che viene stabilito tra il piano ideale e quello empirico. La funzione di questo contatto consiste, secondo l'esplicita testimonianza di Vico, nella nuova intellegibilità che, grazie ad esso, viene acquisita dal materiale storico che è, per la prima volta, penetrato con metodo razionale e critico. Questa convinzione viene espressa chiaramente già nell'introduzione (1) e ribadita altrove (2) fino ad essere riassunta brevemente nell'affermazione che la propria filosofia « riduce la filologia in forma di scienza » (pag. 481).

Al di là di questi risultati, deliberatamente perseguiti da Vico, ve ne sono altri, di estrema importanza, che si riflettono sulle proposizioni filosofiche stesse, oltre la consapevole intenzione dell'autore. Infatti queste proposizioni, mentre ricevono dal confronto con

---

(1) G. B. Vico: « Principi di Scienza Nuova », ed. Sansoni, Firenze 1971, pagg. 381 - 382.

(2) G. B. Vico: op. cit., pagg. 434, 465, 469. « Le quali pruove filologiche servono per farci vedere di fatto le cose meditate in idea d'intorno a questo mondo di nazioni, secondo il metodo di filosofare del Verulamio, ch'è "cogitare videre", ond'è, per le pruove filosofiche innanzi fatte, le filologiche le quali succedono appresso, vengono nello stesso tempo e ad aver confermata l'autorità loro con la ragione e a confermare la ragione con la loro autorità », pag. 468.

la ricerca empirica una concretezza che le distingue dalle astratte speculazioni teologiche sulla storia, tendono a ritenere in sé elementi particolari derivanti dal piano dell'indagine concreta, perdendo, in tal modo, parte della loro idealità e universalità, come è stato efficacemente mostrato dal Croce (3). Solo questa considerazione può giustificare, almeno parzialmente, l'interpretazione di Vico in chiave sociologica che, altrimenti, non troverebbe alcun appoggio nel carattere dell'opera in cui prevale nettamente l'impronta idealistica (4).

E' necessario, a questo punto, che il discorso finora svolto sia integrato da un'analisi più aderente all'esposizione vichiana e avente come suo scopo non tanto l'evidenziazione dei motivi principali, quanto, piuttosto, la ricerca della loro genesi e del loro concreto svolgimento in relazione ai problemi particolari che Vico viene, via via, affrontando e risolvendo in base a quelle idee fondamentali che, poste inizialmente come premessa indispensabile del suo lavoro, risultano da questo confermate e arricchite e ne costituiscono così anche la conclusione che riassume in sé ogni altro elemento.

Un interesse particolare, in questo senso, riveste la concezione vichiana del diritto che viene fatto oggetto di un'indagine volta a mostrarne l'origine e la funzione determinante che esso esercita nel corso dello svolgimento storico. In stretta connessione con questo problema del diritto vi è, poi, lo studio circa l'origine delle repubbliche, e di quella romana in particolare, argomento che permette a Vico di stabilire un contatto ancora più diretto e profondo tra la filosofia e la storia vera e propria, mostrando, nello stesso tempo,

---

(3) B. Croce: « La filosofia di G. B. Vico », Bari 1962, pagg. 41-47.

(4) Nelle pagine succitate Croce distingue tre differenti piani sui quali si svolge l'indagine di Vico: quello filosofico, quello storico e quello empirico. Si tratta, tuttavia, di una distinzione che non consente una considerazione autonoma e prioritaria delle classificazioni tipologiche proprie del piano empirico, poiché esse sono inscindibili dalla riflessione filosofica su cui si fondano e dal concreto materiale storico a cui si riferiscono. Pertanto non è possibile vedere in tale tipologia un precorrimento delle moderne leggi sociologiche che sono indipendenti sia dalla dimensione filosofica che da quella storica.

che cosa egli intenda propriamente per storia e che cosa in essa sia più importante ai fini della sua comprensione.

Il problema del diritto viene posto da Vico in termini concretamente storici e si può, anzi, dire che tale problema coincida con quello della storia stessa, poiché quest'ultima è la storia della civiltà umana la cui esistenza è impensabile qualora si voglia prescindere dalla presenza di una qualsiasi forma giuridica che regoli i rapporti tra i suoi membri.

Le questioni riguardanti l'origine e la funzione del diritto costituiscono, nell'epoca in cui Vico svolge la sua riflessione, un argomento di grande attualità, dibattuto con toni particolarmente accesi tra i giusnaturalisti, sostenitori dell'esistenza di un diritto connaturato agli uomini e, quindi, uguale e valido per tutti, e coloro che, invece, ritengono che esso sorga da un calcolo utilitaristico che porta alla costituzione della società per soddisfare in maniera migliore i bisogni privati di ciascuno.

La concezione giusnaturalistica ritiene, dunque, di poter affermare l'esistenza di un diritto naturale intrinseco all'uomo e pertanto considera ogni formazione giuridica difforme da quei principi innati come il risultato di un abuso e di un'ingiustizia da eliminare affinché la razionalità della comune natura umana sia ovunque ugualmente riconosciuta. Deriva da qui, inoltre, il giudizio negativo che tale concezione fa valere nei riguardi della storia in cui ben difficilmente si trovano applicati, nelle concrete formazioni giuridiche, i criteri dell'astratto diritto naturale.

Qualora, invece, si sostenga l'origine utilitaristica del diritto non vi sono difficoltà ad accettare senza condanna le diverse istituzioni giuridiche che la storia presenta nel suo svolgimento, giacché si comprende che esse rispondono alle esigenze di una particolare società o, perlomeno, a quelle di parte dei suoi membri, ma a tutte queste istituzioni viene negato ogni carattere di necessità e sono considerate come prive di fondamento in quella che è la natura umana.

La posizione di Vico si contrappone nettamente ad entrambe queste teorie (5) e pur conservando piena validità al concetto di una natura umana comune a tutti, principio basilare nella visione cristiana, afferma la relatività e particolarità delle istituzioni giuridiche, ciascuna delle quali viene giustificata storicamente, pur essendo tutte, ugualmente, fondate su una universale proprietà della natura dell'uomo. Questa proprietà universalmente umana su cui poggia il diritto è rappresentata dalla socievolezza degli uomini per i quali la vita associata costituisce la realizzazione di una tendenza innata e, quindi, « egli (il diritto) è nato con essi costumi umani usciti dalla natura comune delle nazioni, e tal diritto conserva l'umana società » (pag. 457). Ma l'instaurazione della società, e l'inizio dello sviluppo della civiltà umana è, come si è visto in precedenza, il fine a cui tende l'opera della Provvidenza nella storia, servendosi, nella sua azione, di mezzi connaturati agli uomini e dunque, poiché « il diritto naturale delle genti è uscito coi costumi delle nazioni » (pagina 458), deriva che « la Provvidenza fu l'ordinatrice del diritto naturali delle genti » (pag. 460).

L'origine naturale del diritto e la sua precisa funzione in ordine al piano della Provvidenza sono, quindi, i principi su cui si

---

(5) L'opposizione al giusnaturalismo e l'affermazione della storicità del diritto sono di fondamentale importanza in quanto costituiscono i presupposti necessari di una concezione che colga il significato universale della storia senza ricadere negli schemi teologici.

Questi, infatti, riconoscono l'universalità del processo storico, ma esclusivamente in funzione del fine trascendente che si realizza oltre la storia. Il giusnaturalismo, d'altra parte, rifiutando ogni trascendenza, nega anche il valore universale del divenire storico che viene interpretato da un punto di vista pragmatico, mirante a vedere solo l'opera di singoli individui. Entrambe queste posizioni vengono superate, dunque, da Vico che concepisce la storia come la dimensione in cui si costituiscono e si svolgono le istituzioni, umane universali e necessarie nella loro forma, ma sempre determinate storicamente nelle loro effettive realizzazioni.

Questi, infatti, riconoscono l'universalità del processo storico, ma esclusiero storicistico tedesco, da: F. MEINECKE: « Le origini dello storicismo », Firenze 1954, pagg. 37-51.

Inoltre, per i rapporti tra l'affermazione vichiana della storicità del diritto e lo storicismo moderno che ad essa si richiama: C. ANTONI: « Lo storicismo », Torino 1968, pagg. 62-67.

fonda la concezione vichiana e la loro importanza è tale che essi sono affermati nelle « Degnità », ossia in quelle brevi enunciazioni che, preposte allo svolgimento della ricerca concreta, costituiscono la condizione necessaria della intera successiva argomentazione.

Fin qui Vico, pur opponendosi al giusnaturalismo e alle altre teorie giuridiche, si colloca tuttavia sul loro stesso piano in quanto ancora non vi è un reale e profondo contatto tra le sue idee e la storia vera e propria. Ciò, però, è dovuto semplicemente al carattere asistematico dell'opera che lo porta ad anticipare come premessa necessaria quello che, in realtà, è il risultato di un'indagine concretamente storica, volta ad esaminare gli istituti giuridici nella loro particolarità e nella loro rispondenza a determinate situazioni che ne forniscono la giustificazione indipendentemente da ogni astratto criterio razionale.

La storicità del diritto è, quindi, una delle più grandi scoperte vichiane, conseguenza, a sua volta, di altre profonde concezioni innovatrici e, essa stessa, condizione indispensabile di una nuova visione che permetta di comprendere ogni singola formazione, pur riconoscendo in ciascuna la presenza di una medesima esigenza avente valore universale. Il diritto, quindi, è disposto dalla Provvidenza ed è presente nella storia fin dalle sue origini più remote, in cui si costituiscono le prime, embrionali, forme di associazione umana. Pertanto, poiché le ricerche debbono considerare la loro materia dal suo stesso inizio e non da un punto scelto a caso, come si è già messo in evidenza, Vico afferma che « incominciamo a ragionar del diritto naturale dall'idea di essa Provvidenza divina, con la quale nacque congenita l'idea di diritto » e tale diritto è quello « che prima nacque divino » (pag. 483), conformemente ad una tendenza innata del genere umano che, ancor prima di sviluppare idee razionali, è portato a riferire ad una divinità provvidente tutto ciò che riguarda la sua vita (6).

---

(6) « Dal detto fin qui si raccoglie che la provvedenza divina, appresa per quel senso umano che potevano sentire uomini crudi, selvaggi e fieri, che ne' disperati soccorsi della natura anco essi desiderano una cosa alla natura

Come, dunque, la conoscenza storica prende le mosse dall'idea della Provvidenza che governa ogni cosa, così la storia vera e propria inizia quando gli uomini avvertono la presenza di un essere superiore arbitro di tutte le loro vicende e Vico, di conseguenza, afferma che « da questo primo antichissimo punto di tutti i tempi incominciamo a ragionar di diritto... : dal momento che nacque in mente ai principi delle genti l'idea di Giove » (pag. 483). Questa prima forma di diritto è quella che Vico chiama il « diritto naturale delle genti », sottolineando chiaramente che bisogna, però, evitare ogni confusione con il diritto naturale teorizzato dai filosofi cui viene erroneamente attribuita validità universale mentre, invece, è anch'esso l'espressione di una mentalità particolare corrispondente ad un'epoca determinata (7).

Nulla di ciò che noi possiamo intendere per diritto è presente nel « diritto naturale delle genti », che poggia sulla violenza ed assicura il predominio a chi sa farsi valere con la forza, tuttavia esso è perfettamente adeguato alla società di cui deve garantire l'esistenza e lo sviluppo. A partire da questo momento iniziale l'evoluzione del diritto è la stessa di quella della società e, senza nessun bisogno di legislatori sapienti o di esempi appresi dai popoli più progrediti, ciascun popolo realizza la propria natura socievole dando vita a forme sempre più civili di associazione a cui corrispondono adeguate istituzioni giuridiche (8). Questa perfetta rispondenza, riscontrabile nelle vicende di ogni nazione, è la prova più evidente della concezione della storicità del diritto che trova la sua ragion d'essere sul piano concreto della storia e, nello stesso tempo, permette di constatare la grandiosa opera della Provvidenza che armo-

---

superiore che gli salvasse (ch'è il primo principio sopra di cui noi sopra stabilimmo il metodo di questa Scienza), permise loro d'entrar nell'inganno di temere la falsa divinità di Giove, perché poteva fulminargli; e sì, dentro i nembi delle prime tempeste e al barlume di que' lampi, videro questa grande verità, che la provvidenza divina sovraintendeva alla salvezza di tutto il genere umano ». G. B. Vico: « Principi di Scienza Nuova », ed. Sansoni, Firenze 1971, pagg. 479 - 480.

(7) G. B. Vico: op. cit. pagg. 451, 460, 570.
(8) G. B. Vico: op. cit., pag. 435.

nizza ed indirizza al suo fine tutto ciò che accade lungo il cammino della civiltà.

Il problema del diritto, che qui si è esaminato isolatamente per mettere in luce l'impostazione e la soluzione originale che Vico fornisce ad esso, non è, in realtà, oggetto di una specifica trattazione autonoma (9), poiché nella « Scienza nuova » i diversi temi si intrecciano fra loro e questo, mentre rende l'interpretazione dell'opera molto più difficile, serve, d'altra parte, a dare nuova vita alla materia che rispecchia il rapporto esistente tra i differenti aspetti della storia umana. Un legame particolare unisce, in questo senso, la questione giuridica e lo studio che Vico compie circa l'origine delle repubbliche e, proprio in questo caso, si può vedere come non si tratti di semplice nesso estrinseco, giacché l'inscindibilità degli istituti giuridici dalla formazione sociale in cui si sviluppano è, come si è visto, una delle teorie che Vico sostiene con maggiore fermezza (10).

Questo argomento che ora si considera presenta, inoltre, un altro motivo di grande interesse che è costituito dal materiale che viene utilizzato e che Vico trae dai suoi studi condotti sulla storia romana e dalle sue conoscenze di mitologia greca e latina. L'unione della filosofia con la filologia riceve qui la sua piena applicazione e ne risulta una nuova visione in cui le notizie che di solito vengono considerate solo dall'erudizione priva di riflessione entrano a far parte della storia vera e propria, razionalmente ricostruita. La motivazione profonda della grande attenzione che Vico dedica all'origine e al primo sviluppo degli stati va ricercata nella sua concezione fondamentale per cui, come si è già osservato, la vita associata è il risultato di una tendenza innata che, inoltre, è ordinata al raggiungimento dei fini della Provvidenza. Questi due importanti presupposti portano come necessaria conseguenza il rifiuto

---

(9) Poiché il problema del diritto è impostato in una dimensione concretamente storica, la sua trattazione è inseparabile da quella relativa all'opera della Provvidenza, a cui vengono costantemente riferite le fasi della storia umana.

(10) G. B. Vico: op. cit., pagg. 568 - 570.

di tutte le teorie contrattualistiche ed utilitaristiche che considerano lo stato come una formazione estrinseca che si sovrappone, in un preciso e determinato momento della storia, ad associazioni spontanee già esistenti o, addirittura, all'egoismo dei singoli fino a quel momento vissuti nell'isolamento.

Una questione così difficile ed importante come quella dell'origine della civiltà non può, secondo Vico, essere risolta da astratti ragionamenti filosofici e, neppure, essere abbandonata alle ricerche dei filologi rivolte esclusivamente ai frammentari particolari empirici, ma deve essere affrontata fondandosi su principi ideali e aventi valore universale che, però, trovino una piena rispondenza nella materia che devono penetrare. A questo scopo Vico non ritiene di dover introdurre nuovi criteri, poiché i concetti che sono alla base di tutta la sua riflessione, se sono veri come egli crede senza possibilità di dubbio, devono essere in grado di guidare l'indagine anche nel suo punto più difficile, cioè quello iniziale.

Senza alcuna incertezza, pertanto, ribadisce la sua concezione che la storia è opera dell'uomo e che, dunque « se ne possono, perché se ne debbono, ritrovare i principi dentro le modificazioni della nostra medesima mente umana » (pag. 461).

Da questa impostazione deriva, quindi, che l'origine della società va ricercata in quelle fondamentali idee umane che ovunque rappresentano la garanzia e la condizione della sua esistenza e che Vico identifica con la religione, la celebrazione solenne dei matrimoni e il seppellimento dei morti. Poiché presso tutti i popoli da queste convinzioni hanno origine le istituzioni che rendono possibile la vita associata, esse costituiscono « i principi universali ed eterni, ..., sopra i quali tutte sorsero e tutte vi si conservano in nazioni » (pag. 461). In realtà, di questi tre fattori, uno solo, cioè la religione, è quello veramente originario di cui gli altri sono solamente conseguenze, sebbene determinanti ai fini dello sviluppo successivo (11). Affermando che la religione è il principio indispensabile della vita civile Vico pone, immediatamente, un limite notevole

---

(11) G. B. Vico: op. cit., pagg. 460 - 463.

al concetto della storia come creazione umana poiché, pur essendo vero che le credenze religiose sorgono da istinti e timori naturali dell'uomo, bisogna tuttavia, rilevare che esse rispondono precisamente al piano della Provvidenza che ne permette l'esistenza proprio per indirizzare al suo fine quegli istinti e quei timori che, di per sé, sarebbero del tutto estranei ad esso.

Alla fine del primo libro, dopo aver esposto in una breve ma densa sezione questi principi che presiedono allo svolgimento della storia e sui quali, di conseguenza, deve poggiare la conoscenza storica, Vico si occupa della trattazione del metodo di cui si avvale nella sua indagine (1). In effetti, più che una semplice esposizione metodologica, queste pagine costituiscono una ricapitolazione dei principali motivi sui quali si fonda l'intera opera. Viene così ribadito che all'origine del divenire storico vi è la prima, confusa idea di una divinità e che solo la Provvidenza può costituire la civiltà, volgendo a questo fine gli istinti umani. Ciò che, però, presenta qui maggiore interesse è l'affermazione che dalla ricerca vera e propria, e non solamente dalla speculazione filosofica, si possono trarre prove per confermare la verità di questa concezione.

Tali prove sono distinte in due generi estremamente differenti fra loro, ma uniti in uno stretto rapporto che rende più sicure tanto le prime, cioè quelle filosofiche, che le seconde, ossia le filologiche: « per le prove filosofiche innanzi fatte le filologiche, le quali succedono appresso, vengono nello stesso tempo e ad avere confermata l'autorità loro con la ragione, ed a confermare la ragione con la loro autorità » (pag. 468). Le prove filosofiche vengono inoltre suddivise ulteriormente in teologiche naturali e in logiche. Questi due primi tipi di prove che mostrano come da nessun altro principio potrebbero scaturire ugualmente bene gli innumerevoli elementi che costituiscono la civiltà e guidano alla ricerca di quelle condizioni iniziali oltre le quali non è più possibile procedere, insieme rivelano la necessità dell'ordinamento provvidenziale della storia e conducono ad un importantissimo risultato, cioè a « descrivere una

---

(12) G. B. Vico: op. cit., pagg. 463 - 469.

storia ideal eterna, sopra la quale corron in tempo le storie di tutte le nazioni ne' loro sorgimenti, progressi, stati, decadenze e fini » (pag. 467). Sebbene queste prove presuppongono una reale conoscenza della storia, esse, tuttavia, in quanto filosofiche, hanno in se stesse la ragione della loro verità e sono « assolutamente necessarie ». Il vero contatto con il materiale concretamente storico è, invece, stabilito dalle prove filologiche che, pur essendo strettamente connesse alle prime, occupano un posto subordinato e « servono per farci vedere di fatto le cose meditate in idea d'intorno a questo mondo di nazioni » (pag. 468).

Le due sezioni che ora si sono considerate e che riassumono, svolgendo le più immediate conseguenze, le verità filosofiche contenute nelle « Degnità », hanno un chiaro carattere introduttivo che, però, conformemente all'asistematicità che si è già notata nella « Scienza Nuova », non prelude ad una lineare ed organica descrizione del processo storico secondo i principi già affermati. Infatti, oltre alla digressione del terzo libro, dedicato alla « discoverta del vero Omero » e all'esposizione delle proprie rivoluzionarie teorie estetiche (13), ci si trova dinanzi ad una tale complessità di concetti e di materiale che il disegno ideale della storia, pur essendo sempre presente come motivo di fondo, non è esaminato isolatamente se non in brevi riassunti che hanno, principalmente, la funzione di mostrare il contrasto dialettico esistente tra l'egoismo umano e i superiori fini della Provvidenza (14). Malgrado ciò, le idee di Vico su questo argomento sono estremamente chiare e mostrano tutta la loro fecondità riuscendo ad unificare in un processo razionale, di cui esse sono in grado di delineare i tratti principali, quell'eterogeneo materiale di cui si è già parlato. In questo contesto assume una grande importanza la mitologia che viene addotta come testimonianza della verità dei fondamentali concetti vichiani che, nello stesso tempo, dànno ad essa una interpretazione concretamente storica che la sot-

---

(13) G. B. Vico: op. cit., pagg. 615-640.
(14) Il più completo di tali riassunti è quello contenuto nella conclusione che, in poche pagine, condensa tutti i più importanti motivi svolti nel corso dell'intera opera. G. B. Vico: op. cit., pagg. 696-701.

trae all'arbitrio dei letterati e dei filosofi tendenti a cercare soltanto la conferma di idee personali, completamente estranee a ciò che gli antichi miti vogliono esprimere. La mitologia è, quindi, vista come un'espressione spontanea dei popoli che riflette il modo in cui i soggetti degli eventi presi in esame intendano le loro vicende, senza alcuna consapevolezza del fine che tramite loro si sta attuando e riferendole, anzi, a quelle credenze religiose che la Provvidenza ha permesso alla loro fantasia di creare affinché abbia inizio il cammino della civiltà (15). Le numerose divinità delle religioni primitive, che rappresentano, con i miti ad esse connessi, il logico e naturale sviluppo del primo, confuso timore religioso, vengono, infatti, create sotto lo stimolo delle esperienze che gli uomini affrontano in occasione delle tappe più importanti e determinanti della loro evoluzione storica, e recano ben evidenti nei tratti della loro figura il ricordo degli episodi a cui sono legate (16).

I miti che Vico prende in considerazione sono quasi tutti forniti dalla tradizione greca che è, per lo più, identificata con quella latina, ma, per il principio secondo il quale il corso della storia procede uniformemente presso tutti i popoli, ad essi viene attribuito il carattere di esempi particolari aventi validità universale.

Tralasciando, per il momento, la storia romana la cui trattazione, pur avendo la sua giustificazione in una precisa funzione paradigmatica, finisce per occupare un posto autonomo e di estrema importanza nell'economia dell'opera, è necessario considerare i momenti della storia ideale attraverso i quali, sul fondamento della iniziale idea di una divinità, si giunge alle prime forme di organizzazione statale, ossia a quelle che Vico chiama repubbliche aristocratiche e che contengono le premesse di tutto il corso successivo.

Due capitoli, uno inserito nel secondo libro (17), l'altro posto come conclusione dell'intero lavoro (18), forniscono una breve ma chiara descrizione di tali momenti nella loro concatenazione e mo-

---

(15) G. B. Vico: op. cit., pagg. 444, 445, 471, 473, 475, 479.
(16) G. B. Vico: op. cit., pagg. 519-546.
(17) G. B. Vico: op. cit., pagg. 568-570.
(18) G. B. Vico: op. cit., pagg. 696-701.

strano il duplice rapporto che essi hanno con l'agire umano e con l'opera della Provvidenza. La religione è, dunque, il punto di partenza e da essa deriva la tendenza a porre un freno alle violente passioni che fin qui hanno esercitato un dominio incontrastato in tutti i settori della vita umana. Il primo risultato è la costituzione delle famiglie che si insediano in dimore stabili, scelte nei luoghi più favorevoli ad assicurarne la sopravvivenza. Non tutti, però, giungono contemporaneamente a questa meta e così, in un secondo tempo, le famiglie si ampliano accogliendo nel loro nucleo e in posizione di stretta subordinazione, coloro che vi si rifugiano per sfuggire ai pericoli mortali di un'esistenza priva di ogni norma. Questa organizzazione familiare, fondata su una netta distinzione tra i membri originari e gli schiavi sopraggiunti, costituisce già una prima forma statale giacché implica precisi doveri di obbedienza verso il « pater familias » da cui dipende ogni decisione e che rappresenta l'autorità suprema, seconda solo alla divinità. Tuttavia anche questo assetto non è che una tappa, in quanto proprio l'esercizio del potere da parte dei « patres » è la fonte del malcontento dei sottoposti che minacciano la ribellione e inducono i primi ad unirsi fra loro, rinunciando a parte della loro autorità sovrana che viene, ora, esercitata collegialmente (19). La frattura non può, però, essere evitata e solo la concessione di maggiore libertà e benefici economici evita la catastrofe. Non è più possibile, tuttavia, conservare, nelle nuove condizioni, il vecchio ordinamento e così si giunge ad un nuovo genere di repubbliche, non più aristocratiche, ma popolari, cioè democratiche.

Questa rapida descrizione non è sufficiente a chiarire il vero significato delle principali tappe del processo storico, se non si mette in evidenza come ciascuna di esse, pur essendo l'effettivo risultato delle azioni umane, tragga il suo valore dal proprio inserimento nel piano provvidenziale che attribuisce ad ognuna una funzione che va oltre l'intendimento degli uomini. Tale concetto è la considerazione fondamentale su cui si regge l'intera opera, ed è formulato

---

(19) G. B. Vico: op. cit., pag. 450.

con particolare chiarezza nella conclusione, al termine di quel riassunto della storia ideale in cui si è detto in precedenza: « Gli uomini hanno essi fatto questo mondo di nazioni; ma egli è questo mondo, senza dubbio, uscito da una mente spesso diversa ed alle volte tutta contraria e sempre superiore ad essi fini particolari ch'essi uomini si avevano proposti; quali fini ristretti fatti mezzi a fini più ampi, gli ha sempre adoperati per conservare l'umana generazione in questa terra » (pag. 700).

Tutti gli elementi che compongono il concetto della Provvidenza sono presenti, dunque, in questa sintetica esposizione, ma per ribadirli ulteriormente, ad essa segue una seconda, più breve, descrizione del corso della storia che mette esplicitamente l'accento sulla dialettica esistente tra i fini umani e quello divino. La loro contrapposizione si configura qui come quella di due differenti prospettive, una delle quali, cioè quella umana, è ristretta e limitata, mentre l'altra, quella della Provvidenza, abbraccia l'intero processo coordinandone tutte le componenti. Entro i limiti della prima prospettiva, pertanto, gli unici protagonisti della storia sono gli uomini che realizzano con le loro azioni proprio ciò a cui tendono, senza che la loro volontà sia minimamente asservita a scopi che non sono in grado di intendere. Ma quando lo sguardo dello storico s'innalza al di sopra della frammentarietà dei singoli contesti allora la storia presenta un quadro del tutto diverso e i vari risultati delle azioni rivelano la loro funzione strumentale in quanto, nel momento stesso in cui sono raggiunti, contengono già le premesse di successivi sviluppi che vengono alla realtà mediante il superamento di ciò da cui traggono origine. Un altro tema fondamentale della concezione vichiana che trova espressione in queste pagine è rappresentato dalla decisa riaffermazione che in ogni epoca ed evento storico il fondamento necessario è dato dalla religione che è l'unica efficace garanzia della vita sociale. « In quest'opera appieno si è dimostrato che sopra la Provvidenza ebbero i primi governi del mondo per loro intera forma la religione, ... Laonde, perdendosi la religione ne' popoli, nulla resta loro per vivere in società » (pag. 701). Queste parole non sono importanti solo perché mostrano quale sia, secondo Vico, il fattore determinante del processo storico, ma anche perché permettono di comprendere quale inscindibile legame, fondato sulla identica natura umana, vi sia tra la storia, che basa il suo svolgimento sulla soggettiva credenza religiosa e la conoscenza storica che non può prescindere dall'oggettivo riconoscimento della Provvidenza operante nel mondo.

CAPITOLO IV

EVOLUZIONE DELLE FORME DI GOVERNO E PROBLEMA DEL RICORSO

Secondo un'antichissima tradizione egiziana, Vico distingue tre età nel corso della storia: l'età degli dei, l'età degli eroi e, infine, quella degli uomini (1). Le prime due corrispondono alle fase su cui si è, finora, fermata l'attenzione, mentre l'ultima età, cioè quella che inizia dalle repubbliche popolari, o democrazie, merita ora un esame a parte. In essa, infatti, non vi sono novità sostanziali per ciò che riguarda i principi fondamentali del suo svolgimento che si realizza, come nelle epoche precedenti, mediante il contrasto dialettico tra l'opera umana e quella provvidenziale, ma questa ultima ha modo di rivelare in misura ancora maggiore la sua potenza ed efficacia in quanto si trova di fronte non più a semplici istinti naturali, ma ad una realtà sociale differenziata e complessa che viene ugualmente indirizzata al raggiungimento di un fine ad essa superiore.

Dalla dissoluzione delle repubbliche aristocratiche sorgono, dunque, quelle popolari (2) e l'affermazione che con esse inizia l'età degli uomini ha piena giustificazione se si considera che proprio in questo contesto iniziano la filosofia e l'eloquenza, espressioni di reale umanità aventi una precisa funzione in ordine al piano della

---

(1) G. B. Vico: « Principi di Scienza Nuova », ed. Sansoni, Firenze 1971, pag. 393.

« Ora con tai lumi così di filosofia come di filologia, in seguito alle degnità d'intorno alla storia ideal eterna già sopra poste, in questo libro quarto soggiugnano il corso che fanno le nazioni, con costante uniformità procedendo in tutti i loro tanto vari e sì diversi costumi sopra la divisione delle tre età che dicevano gli egizi essere scorse innanzi nel loro mondo, degli dei, degli eroi e degli uomini », pag. 641.

(2) G. B. Vico: op. cit., pagg. 668 - 698.

Provvidenza, cioè quella di integrare e rafforzare il compito finora svolto esclusivamente dalla religione (3). La filosofia è vista come complemento della virtù, che fino a questo momento gli uomini hanno praticato sotto lo stimolo immediato della religione. L'eloquenza, poi, è volta ad ispirare il proposito di tradurre questo concetto della virtù nella concreta promulgazione di giuste leggi che la realizzino.

L'importanza primaria della religione, tuttavia, non è minimamente compromessa poiché la filosofia e l'eloquenza non soltanto devono ad essa la loro origine, ma possono esercitare una positiva e costruttiva influenza sulla vita sociale e politica solo se mantengono inalterato il legame per il quale, dall'idea di una divinità provvidente, deriva ad esse la loro forza e capacità persuasiva. In questa nuova situazione non hanno più valore gli antichi titoli di nobiltà sui quali si è fondato in precedenza l'esercizio del potere, e cioè la discendenza dai membri delle prime famiglie, ma il criterio dell'ordinamento sociale è ora costituito dalla ricchezza (4).

Questo criterio è anch'esso una disposizione della Provvidenza il cui risultato deve essere quello di assicurare la supremazia agli uomini più operosi e saggi. Esso, inoltre, garantisce che in questo

---

(3) « Da repubbliche così fatte (...) uscì la filosofia, dalla forma di esse repubbliche destata a formar l'eroe e, per formarlo, interessata della verità; così ordinando la provvedenza: che, non avendosi appresso a fare più per sensi di religione (come si eran fatte innanzi) le azioni virtuose, facesse la filosofia intendere le virtù nella lor idea, in forza della quale riflessione, se gli uomini non avessero virtù, almeno si vergognassero de' vizi, chè soltanto i popoli addestrati al mal operare può contenere in uffizio. E dalle filosofie permise provenir l'eloquenza, che dalla stessa forma di essere repubbliche popolari, dove si comandano buone leggi, fusse appassionata del giusto; la quale da esse idee di virtù infiammasse i popoli a comandare le buone leggi ». G. B. Vico: op. cit., pag. 698.

(4) « In cotal guisa, tra essi ordini civili trammeschiandosi vieppiù l'ordine naturale, nacquero le popolari repubbliche: nelle quali, poiché si aveva a ridurre tutto o a sorte o a bilancia, perché il caso o 'l fato non vi regnasse, la provvedenza ordinò che 'l censo fusse la regola degli onori, e così gl'industriosi, non gl'infingardi, i parchi non gli prodigi, i providi non gli scioperati, i magnanimi non gli gretti di cuore, ed in una i ricchi con qualche virtù o con alcuna immagine di virtù non gli poveri con molti e sfacciati vizi, fussero estimati gli ottimi del governo ». G. B. Vico: op. cit., pag. 698.

mutato assetto nulla, nella società, sia lasciato all'arbitrio del caso o del fato la cui azione Vico esclude decisamente dalla storia.

Dal punto di vista umano la repubblica popolare costituisce un risultato conclusivo, poiché è la realizzazione di una lunga lotta consapevolmente sostenuta dalla plebe, ma, se ci si volge nuovamente alla superiore prospettiva della Provvidenza, si vede chiaramente che tale formazione sociale, nello stesso momento in cui viene instaurata, porta con sé le condizioni di ulteriori sviluppi, disposti dalla Provvidenza per giungere ad altre, più compiute forme di civiltà. Infatti, la rovina delle repubbliche popolari ha origine proprio da ciò che costituisce la loro maggiore conquista, cioè dalla più equa distribuzione delle ricchezze e del potere (5). Da questo deriva, da una parte, l'attenzione dei cittadini rivolta agli interessi privati per accrescere sempre di più il benessere da poco raggiunto e, dall'altra, l'ambizione che porta un numero ristretto di individui a servirsi del potere per fini personali onde acquistare maggiore autorità e influenza nello stato. Questo è loro possibile anche grazie alla protezione che assicurano agli altri, preoccupati solo degli interessi economici e, pertanto, si giunge ad una divisione interna in partiti e fazioni che si combattono tra loro, facendo uso anche delle armi e della violenza. Prescindendo, per ora, dalla possibilità di un irreversibile deterioramento della situazione, poiché questo porterebbe ad affrontare il problema del ricorso, bisogna, invece, vedere quale sia il rimedio disposto dalla Provvidenza per mantenere in vita la società senza arrestare il corso storico di una determinata civiltà. Esaminando questo rimedio provvidenziale, Vico si volge a descrivere l'origine della monarchia, cioè della forma di governo che rappresenta la più alta conquista civile, oltre la quale, secondo le sue vedute, non è più possibile concepire alcun positivo sviluppo delle istituzioni sociali (6). La monarchia, dunque, sorge quando i cittadini non si curano più degli affari pubblici dello stato, badando

---

(5) G. B. Vico: op. cit., pagg. 454 - 668.
(6) G. B. Vico: op. cit., pagg. 454, 668, 669, 698, 699.
« Onde le monarchie sono le più conformi all'umana natura della più spiegata ragione, com'altra volta si è detto », pag. 699.

solo a se stessi, e colui che vuole ascendere al potere deve, con la forza delle armi, rendere definitiva e istituzionale questa situazione di fatto, avocando a sé ogni pubblico potere e lasciando agli altri solo la libertà nella sfera privata. In tal modo, il sovrano si assicura l'appoggio dei sudditi che vedono tutelati legalmente i loro interessi dal pericolo di sopraffazione altrui e questo favore del popolo viene, poi, rafforzato mediante la promulgazione di leggi che stabiliscono una completa uguaglianza lasciando, però, la possibilità di ottenere speciali privilegi come ricompensa di una condotta particolarmente meritevole.

Lo stato monarchico costituisce, quindi, il più alto grado di civiltà che i popoli possono raggiungere nel loro sviluppo e corrisponde in pieno alla natura degli uomini che, nel corso di lunghi secoli di storia, sono divenuti sempre più ragionevoli, realizzando completamente la loro umanità: « Onde le monarchie sono le più conformi all'umana natura della più spiegata ragione » (pag. 669). I diversi aspetti della vita civile hanno modo di svilupparsi autonomamente, pur conservando intatto il loro fondamentale rapporto che li unisce alla religione e dànno luogo ad una società articolata ed armoniosa.

L'esaltazione del carattere provvidenziale della monarchia, che salva le nazioni dalla rovina, trova la sua giustificazione in numerosi fattori, alcuni dei quali risultano estranei alla riflessione genuinamente storica e filosofica e sono, invece, il risultato della situazione sociale e politica in cui Vico svolge la sua opera, senza potersi sottrarre al condizionamento ideologico imposto dall'autorità costituita. Tuttavia nella determinazione di questo giudizio positivo sulla costituzione monarchica entra, come componente fondamentale, lo studio attento della storia romana di cui Vico ritiene di aver per primo scoperto il vero volto grazie al suo nuovo metodo di indagine. Pur senza affrontare un discorso approfondito su questo argomento, occorre, ugualmente, mettere in rilievo le conseguente che derivano quando la storia di Roma viene considerata come « un saggio d'una storia ideal eterna sopra la quale corrono in tempo le storie di tutte le nazioni » (pag. 430).

Nell'ambito di ciò che Vico intende per « storia ideal eterna », l'affermazione precedente può essere riferita alla storia particolare di qualsiasi popolo, ma acquista un significato speciale nel caso di quella romana per due importanti ragioni e cioè, da una parte l'abbondante documentazione conservata e riguardante tutti gli aspetti civili, politici ed economici (7), dall'altra l'incomprensione e la superficialità dominanti in questo settore di studi. Entrambi questi motivi sono presi attentamente in considerazione da Vico, e mentre il primo si risolve in una decisiva conferma per la sua teoria storica e filosofica che mostra la propria verità nel contatto con un materiale così ricco, il secondo serve a mettere in rilievo quali vantaggi tale concezione teorica porti all'indagine concreta, fornendo un criterio razionale di interpretazione che sostituisca le congetture arbitrarie e le deformazioni derivanti da ideologie personali.

Vico ripercorre, quindi, il cammino della storia ideale, e le sue tappe non sono ora viste come astratti momenti della speculazione filosofica, ma coincidono perfettamente con le fasi, a tutti note, della storia romana nei cui avvenimenti principali si può vedere il concorso delle due fondamentali componenti di ogni sviluppo storico: l'azione umana e l'intervento risolutivo della Provvidenza.

Dalla leggendaria fondazione per opera di Romolo, attraverso i provvedimenti di Servio Tullio e le successive leggi Publilia e Petelia che portano all'eguaglianza tra patrizi e plebei, fino al periodo di anarchia e disordini interni che prelude alla presa del potere da parte di Augusto, si rivela in pieno la validità del processo che pone come primo momento la repubblica aristocratica, quindi quella popolare per finire, in ultimo, con una costituzione monarchica (8).

Tuttavia, da questo modo di considerare la storia romana scaturiscono anche alcune conseguenze che si ripercuotono negativamente tanto sulla effettiva ricerca storica, quanto sull'impostazione filosofica. Nel primo caso, infatti, ci si trova di fronte ad interpre-

---

(7) I documenti della storia romana sono ampiamente esaminati da Vico soprattutto nel quarto libro. G. B. VICO: op. cit., pagg. 641 - 680.

(8) G. B. VICO: op. cit., pagg. 427, 431, 668, 669, 698, 699.

tazioni forzate di singoli fatti o documenti, allo scopo di inserirli nel disegno ideale che deve risolvere tutto in sé. Il secondo caso, indubbiamente più grave in quanto compromette lo svolgimento coerente di tutta la riflessione vichiana, comporta, invece, la tendenza, ad identificare le concrete fasi della storia di Roma con le categorie universali della storia ideale che, irrigidendosi, finisce, talvolta, per apparire solo come uno schema riassuntivo di quella storia particolare (9).

Con l'instaurazione di un regime monarchico la civiltà giunge alla sua fase più perfetta che consente una completa realizzazione della socievolezza innata alla natura umana. Questo è, anche, il fine a cui tende l'opera della Provvidenza, poiché, a differenza di ciò che avviene nella visione cristiana tradizionale, il suo intervento nella storia non è volto al raggiungimento di un fine ultraterreno che neghi la storia stessa. D'altra parte, questo concetto della Provvidenza contribuisce a porre una grave limitazione all'idea della produttività dell'uomo nel mondo storico e Vico non concepisce la possibilità di un progresso all'infinito verso risultati sempre più alti che, nel momento medesimo in cui sono attuati, costituiscano la premessa per nuove conquiste dello spirito umano.

Inoltre, per quanto ciò vada oltre la sua consapevole riflessione, nel delineare il corso della storia ideale lo sguardo di Vico è sempre rivolto a quella di Roma che mostra una successione di progressi civili e sociali fino alla grandiosa monarchia di Augusto da cui sorge poi l'impero che, dopo aver esteso il suo dominio sull'intero mondo conosciuto, è destinato a rovinare sotto i colpi delle invasioni barbariche.

Se, per di più, si tiene presente che i gradi della civiltà corrispondono al dispiegarsi delle facoltà della mente (10), ossia senso,

---

(9) Nel caso della storia romana diventa particolarmente evidente la mancanza di distinzione tra i diversi piani dell'indagine, cioè quello filosofico, quello storico e quello empirico. B. CROCE: « La filosofia di G. B. Vico », Bari 1962, pagg. 41 - 47.

(10) G. B. VICO: « Principi di Scienza Nuova », ed. Sansoni, Firenze 1971, pagg. 467 - 473.

fantasia e ragione, appare chiaramente come oltre lo stadio che attua la razionalità, senza, tuttavia, annullare le creazioni precedenti, non si possa concepire alcun progresso che sia giustificato dalle leggi a cui obbedisce la natura dell'uomo nel suo operare. Tutti questi motivi concorrono ad originare l'idea del ricorso che, però, difficilmente può essere analizzata con precisione nelle sue componenti, poiché si presenta densa di oscillazioni ed incertezze di cui Vico stesso sembra, talvolta, avere consapevolezza (11). Questa concezione del ricorso, cioè di un ripercorrimento delle medesime tappe attraverso le quali si è fino a quel momento svolto il processo storico, evoca, immediatamente, l'immagine classica del ciclo, ma, in realtà, si tratta di due concetti profondamente diversi e proprio esaminando la loro differenza emergono i tratti principali di questo tema vichiano. Infatti, mentre il concetto del ciclo tende ad inserire la storia in una dimensione naturalistica in cui tutto ciò che accade è già inesorabilmente determinato e identico ad altri elementi scaturiti da cause uguali, il ricorso si colloca nell'ambito della visione provvidenzialistica della storia in qualità di rimedio per evitare la estrema catastrofe che distruggerebbe la società e, quindi, l'umanità stessa (12).

Esso, inoltre, esclude ogni identica ripetizione che equivarrebbe alla negazione della individualità dei soggetti e delle loro opere, ma pone, solamente, delle uniformità che hanno valore reale,

---

(11) Vico, opponendosi al razionalismo cartesiano, riconosce l'autonomia e la capacità creativa del senso e delle passioni, ma non riesce ad attribuire un'analoga creatività all'intelletto, sebbene il suo sviluppo corrisponda alla fase storica in cui viene raggiunto il più alto grado di civiltà. Di conseguenza, nonostante il suo giudizio favorevole sulle monarchie che considera come le migliori tra tutte le precedenti forme di governo, ritiene impossibile un'ulteriore positiva evoluzione, poiché l'intelletto non gli appare in grado di promuoverla con le sue forze. ANTONI: « Lo storicismo », Torino 1968, pagine 62-67.

(12) « Ci piace in quest'ultimo libro dar a questo argomento (del ricorso) un luogo particolare, per ischiarire con maggior lume i tempi della barbarie seconda (...), e per dimostrare altresì come l'Ottimo Grandissimo Iddio i consigli della sua provvedenza, con cui ha condotto le cose umane di tutte le nazioni, ha fatto servire agl'ineffabili decreti della sua grazia ». G. B. VICO: « Principi di Scienza Nuova », ed. Sansoni, Firenze 1971, pag. 681.

appunto, in quanto sono riscontrabili nei contesti più differenti. Da un punto di vista strettamente teorico, dunque, il ricorso non è incompatibile con gli altri elementi del pensiero vichiano, soprattutto se si mettono chiaramente in rilievo due motivi fondamentali: l'immanenza del fine della Provvidenza e la differenza che sussiste tra l'uniformità e l'identità. Ma, come si è già accennato, Vico a questo proposito non è del tutto coerente e dalle pagine della « Scienza Nuova » si possono ricavare affermazioni che sono parzialmente in contrasto fra loro, sebbene ugualmente fondate sui principi che reggono l'intera argomentazione (13). Ciò è dovuto anche al fatto che il discorso sul ricorso è inscindibile dai concreti casi storici che ne costituiscono l'esemplificazione e che, a differenza di altri concetti, non vi è una vera trattazione filosofica che preceda l'effettiva analisi dei singoli contesti. Solo nella conclusione dell'opera questo argomento viene affrontato indipendentemente da ogni riferimento storico, ma la prospettiva, in questo caso, è del tutto particolare e pone l'accento quasi esclusivamente sull'azione della Provvidenza, anziché descrivere come si verifichi il ricorso ripercorrendo con sostanziale uniformità i momenti della fase di sviluppo precedente (14).

In questi paragrafi, infatti, è riassunto il corso della storia ideale con il preciso intento di mostrare in essa la presenza del disegno provvidenziale ed anche il ricorso, pertanto, perdendo, parte del suo carattere di eccezionalità rispetto al processo che l'ha preceduto, è considerato come un rimedio, non l'unico, per salvare l'umanità dalla distruzione che essa stessa si prepara. In questo senso il ritorno dei popoli alla barbarie è posto sullo stesso piano dell'instaurazione della monarchia o della sottomissione a nazioni straniere, civilmente superiori, e lo scopo di questi eventi è sempre quello che lungo tutta la storia costituisce il fine della Provvidenza, cioè che:

---

(13) Il ricorso è, in ogni caso, disposto dalla Provvidenza, ma esso presenta caratteristiche differenti qualora venga considerato come un mezzo per difendere la religione cristiana, oppure come una purificazione della « barbarie della riflessione ». G. B. Vico: op. cit., pagg. 681, 699, 700.

(14) G. B. Vico: op. cit., pagg. 696 - 700.

« ritorni tra essi la pietà, la fede, la verità, che sono i naturali fondamenti della giustizia e sono grazie e bellezze dell'ordine eterno di Dio » (pag. 700).

A questo concetto del ricorso è, invece, dedicato l'intero quinto libro (15), e non solo la prima parte in cui esso è fatto oggetto di una esplicita e particolareggiata trattazione, ma anche l'ultima che, con la descrizione della felice situazione contemporanea, presenta il problema di un eventuale ricorso come un interrogativo preoccupante a cui non viene fornita una chiara risposta (16).

Il ritorno alla selvaggia esistenza propria delle origini della civiltà, rientrando nella storia ideale, che ha valore universale, può essere riscontrato nel processo di sviluppo storico che ogni popolo percorre, ma, parallelamente all'importanza che Vico annette alla storia romana, esso viene considerato dettagliatamente facendo riferimento al medioevo, cioè a quello stato di barbarie che apre un nuovo ciclo evolutivo dopo il crollo della potenza di Roma.

La differenza che si è già rilevata tra il ciclo ed il ricorso che non implica ripetizioni identiche, appare chiaramente all'inizio del primo capitolo del quinto libro (17), poiché vi si afferma che il ritorno alle condizioni iniziali è disposto dalla Provvidenza per difendere la verità cristiana dagli attacchi, anche armati, che si muovono contro di essa. Tale verità rappresenta la maggiore conquista del precedente corso di civiltà ed è la condizione necessaria per dare vita ad una società realmente umana e, quindi, la constatazione che essa continui ad essere presente anche in questa nuova fase rivela come, pur attraverso una simile rottura radicale, vi sia una certa continuità che permette di conservare i risultati positivi già acquisiti,

---

(15) G. B. Vico: op. cit., pagg. 681 - 695.
(16) G. B. Vico: op. cit., pagg. 693 - 695.
(17) « Imperciocché, avendo per vie sovrumane schiarita e ferma la verità della cristiana religione con la virtù de' martiri incontro la potenza romana e con la dottrina de' Padri e co' miracoli incontro la vana sapienza greca, avendo poi a surgere nazioni armate, ch'avevano da combattere da ogni parte la vera divinità del suo Autore, permise nascere nuovo ordine d'umanità tralle nazioni, acciocché secondo il naturale corso delle medesime cose umane ella fermamente fussesi stabilita ». G. B. Vico: op. cit., pagine 681 - 692.

purificandoli con il ritorno alla semplicità e all'immediatezza. Dopo aver saldato, in tal modo, il corso al ricorso, mostrando inoltre quale elemento profondamente diverso vi sia negli inizi di quest'ultimo, Vico passa ad analizzare minutamente i documenti storici dell'epoca medievale che rivelano una perfetta corrispondenza tra questo periodo e le tappe della storia romana che viene utilizzata per gettare luce su di un campo di indagine assai meno noto.

In queste pagine la ricerca filologica assume una netta preponderanza rispetto alla riflessione filosofica che, tuttavia, conserva il suo ruolo fondamentale in quanto è proprio per il suo apporto che viene reso possibile l'accostamento tra contesti storici così differenti fra loro.

La funzione del ricorso, dunque, risulta qui perfettamente giustificata ed apre la via ad una visione ottimistica che consente di rilevare gli elementi positivi di epoche che, apparentemente, costituiscono solo la distruzione del livello di vita civile faticosamente raggiunto attraverso secoli di storia. Se, tuttavia, si passa ad esaminare l'ultima parte di questo quinto libro, la prospettiva risulta subito molto diversa e il fatto stesso che non vi si faccia esplicita menzione del ricorso rivela come Vico avverta che esso, in questa situazione, avrebbe un significato molto più problematico. In queste pagine, infatti, sono esposte le condizioni del mondo contemporaneo all'autore e, per ciò che riguarda l'Europa, esse appaiono tali da dare luogo al più alto grado di civiltà possibile (18). Questo è dovuto alla forma di governo con cui si reggono i popoli europei e cioè all'esistenza di alcune grandi monarchie, che, come si è visto, sono il regime più perfetto. Vi sono, inoltre, poche repubbliche, fondate anch'esse sul rispetto della libertà e, per di più, destinate ad evolversi verso costituzioni monarchiche. Tutti questi stati, poi, presentano la tendenza ad unirsi fra loro in leghe, rinnovando, così, la primitiva formazione che, alle origini della storia, ha realizzato

---

(18) « Ma in Europa, dove dappertutto si celebra la religione cristiana (ch'insegna un'idea di Dio infinitamente pura e perfetta e comanda la carità inverso tutto il gener umano), vi sono delle grandi monarchie ne' loro costumi umanissime ». G. B. VICO: op. cit., pag. 694.

l'unione dei singoli ed indipendenti sovrani familiari. La ragione profonda di questo assetto politico che consente una splendida fioritura di tutti gli aspetti della vita umana va ricercata nella religione che è, appunto, il fondamento di ogni società e che, nel caso delle nazioni europee, è rappresentata dal cristianesimo, ossia dall'unica vera religione « ch'insegna un'idea di Dio infinitamente pura e perfetta e comanda la carità inverso tutto il genere umano » (pag. 694).

Tutte queste considerazioni sembrano escludere decisamente la necessità di un ricorso che annulli tali risultati, riportando alla barbarie primitiva, ma, d'altra parte, proprio in simili casi, per evitare il dispiegarsi oltre misura della razionalità umana, la Provvidenza pone come indispensabile un ritorno alle origini. Vico non si pronuncia, ma si comprende facilmente che delle due possibili soluzioni e cioè l'esclusione o l'ammissione al ricorso, la prima comprometterebbe in modo irrimediabile la validità universale delle uniformità contenute nella storia ideale, mentre la seconda sarebbe in contrasto con le sue convinzioni religiose e politiche.

Il problema pertanto rimane aperto e rende estremamente ambiguo questo concetto del ricorso, ma, tuttavia, questa ambiguità svolge anche un ruolo positivo in quanto contribuisce ad evitare una visione deterministica in cui tutto sia già inevocabilmente scontato.

CAPITOLO V

CRONOLOGIA DELLA STORIA UNIVERSALE

In precedenza, facendo riferimento al concetto della Provvidenza e alla distinzione tra la storia sacra e quella profana, si è rilevato che alcuni dei principali temi della visione cristiana ricompaiono nel pensiero di Vico, pur presentando caratteri profondamente diversi. Così anche l'idea di una suddivisione del corso storico in tre epoche, quella divina, quella eroica e quella umana (1), richiama immediatamente le periodizzazioni che la riflessione cristiana sulla storia ha costantemente elaborato per comprendere il vero significato degli eventi. In questo caso, sebbene i criteri usati siano spesso estremamente differenti tra loro, lo scopo della divisione della storia in epoche nettamente delimitate è sempre quello di attribuire ad esse la loro precisa funzione in rapporto al fine ultraterreno del divenire e, pertanto, ognuna rappresenta un « unicum » assolutamente irrepetibile e acquista un senso solo dall'inserimento nell'economia divina. Tra queste periodizzazioni e la teoria vichiana delle tre età vi è un importante elemento di affinità che consiste nel valore reale che viene riconosciuto a tali distinzioni che non sono affatto intese come semplici espedienti per facilitare la conoscenza storica, raggruppando insieme determinati fenomeni simili o temporalmente vicini. Tuttavia, a parte questa caratteristica comune, le due concezioni differiscono notevolmente e la loro differenza va ricondotta nell'ambito di quella più generale esistente tra il concetto della storia sacra e quello della « storia ideal eterna ».

Infatti, sebbene Vico attribuisca questa teoria delle tre età all'antica sapienza egiziana, essa, in realtà, non è un motivo estrin-

---

(1) G. B. Vico: « Principi di Scienza Nuova », ed. Sansoni, Firenze 1971, pagg. 393 - 641.

seco che si aggiunga in un secondo momento ad una riflessione storica già completa ed esauriente, ma costituisce un necessario approfondimento dei principi che reggono l'opera intera, come, del resto, viene esplicitamente affermato all'inizio del quarto libro: « ora con tai lumi così di filosofia come di filologia, in seguito alle degnità d'intorno alla storia ideal eterna già sopra poste, in questo libro IV soggiugnano il corso che fanno le nazioni, con costante uniformità procedendo in tutti i loro tanto vari e sì diversi costumi sopra la divisione delle tre età » (pag. 641). Le tre età, pertanto, sono i momenti attraverso i quali si svolge la storia di ogni popolo e i loro caratteri possono essere compresi solo con il nuovo metodo di indagine che considera i dati concretamente storici alla luce di una riflessione filosofica che li rende razionalmente intelleggibili. Esse, quindi, non sono delle tappe irripetibili in vista di un fine metastorico, ma rappresentano il denominatore comune sotto il quale possono essere ricondotti gli eventi e i costumi che, presso ogni nazione, corrispondono ad una determinata fase del suo sviluppo storico. Inoltre, poiché una delle principali convinzioni vichiane è quella della perfetta rispondenza dei vari aspetti della vita umana tra loro, la validità di questa suddivisione non può essere limitata ad alcuni fenomeni storici e sociali particolarmente significativi, ma trova riscontro in ogni settore che presenta caratteri che sono in armonia con tutti gli altri (2).

In base al principio secondo il quale la storia è opera umana (3),

---

(2) « Perchè sopra di essa (divisione) si vedranno reggere con costante e mai interrotto ordine di cagioni e d'effetti, sempre andante nelle nazioni, per tre spezie di nature, e da esse nature uscite tre spezie di costumi, da essi costumi osservate tre spezie di diritti naturali delle genti; e, 'n conseguenza di essi diritti, ordinate tre spezie di Stati civili o sia di repubbliche... Le quali tre speziali unità con altre molte che loro vanno di seguito e saranno in questo libro pur noverate, tutte mettono capo in una unità generale, ch'è l'unità della religione d'una divinità provvedente, la qual'è l'unità dello spirito che informa e dà vita a questo mondo di nazioni ». G. B. VICO: op. cit., pag. 641.

(3) « Perchè pur gli uomini hanno essi fatto questo mondo di nazioni (che fu il primo principio incontrastato di questa Scienza, dappoiché disperammo di ritruovarla da' filosofi e da' filologi) ». G. B. VICO: op. cit., pag. 700.

il primo fondamentale elemento che distingue l'età degli dei, quella degli eroi e quella degli uomini, è costituito dalla differente natura dei soggetti che con le loro azioni dànno vita alla società e a tutte le manifestazioni che rientrano in essa.

Ciò non significa, però, che Vico, a questo proposito, neghi la identità della natura umana, risolutamente affermata dal pensiero cristiano, ma solamente che, in piena coerenza con i suoi presupposti, svolga le conseguenze della sua concezione circa l'autonomia delle diverse facoltà della mente umana che, inoltre, trovano nella storia il campo in cui realizzare la loro attività creatrice. Analogamente, l'altro importante principio che pone alla base della vita sociale la religione (4), e ciò per disposizione della Provvidenza, trova una completa conferma in quanto Vico sostiene espressamente che le varie caratteristiche che contrassegnano ciascuna di queste età: « tutte mettono capo in una unità generale, che è l'unità della religione d'una divinità provvedente, la qual'è l'unità dello spirito, che informa e dà vita a questo mondo di nazioni » (pag. 641).

Questa teoria delle tre età, per di più, è perfettamente coerente con le affermazioni riguardanti le forme dell'evoluzione politica e giuridica delle nazioni e, anzi, ogni età corrisponde esattamente ad un particolare tipo di organizzazione che dà la sua impronta a tutta la vita civile. L'età degli dei, quindi, non è altro che quel remoto periodo in cui, sulla base della prima superstizione religiosa, si fondano le famiglie ed ogni aspetto dell'esistenza viene riferito al volere della divinità che si ritiene abbia assoluto ed esclusivo dominio sul mondo naturale ed umano. L'età degli eroi coincide, poi, con l'instaurazione delle repubbliche aristocratiche nelle quali sono nettamente distinti i nobili dai plebei e questi sono abbandonati all'arbitrio dei primi che fanno valere con la forza i diritti che si credono derivanti dalla loro origine divina. Infine, con l'età degli uomini viene riconosciuta l'uguaglianza della natura umana e da tale riconoscimento sorgono le repubbliche popolari e le monarchie che,

---

(4) G. B. VICO: op. cit., pagg. 460-463.

mediante giuste leggi, assicurano la tutela dei diritti di ogni cittadino (5).

A differenza delle periodizzazioni tradizionali che, basandosi su determinati avvenimenti di importanza eccezionale, mirano a dare indicazioni circa la durata delle varie epoche, la distinzione vichiana delle tre età non dovrebbe comportare alcun riferimento cronologico, poiché riguarda soltanto una concatenazione di momenti ideali che si svolgono l'uno dall'altro secondo « leggi eterne, sopra le quali corron i fatti di tutte le nazioni, ne' loro sorgimenti, progressi, stati, decadenze e fini, se ben fosse (lo che è certamente falso) che dall'eternità di tempi in tempo nascessero mondi infiniti » (pag. 695). Essa, quindi, dovrebbe essere applicabile con uguale validità ad ogni storia particolare, indipendente dalla durata con la quale quest'ultima si svolge attraverso le suddette tappe ideali. Vico, tuttavia, non sfugge alla suggestione del tradizionale motivo della storia universale considerata come un processo delimitato da un inizio individuabile nel tempo e ritiene, anzi, che mediante la propria concezione possano esserne più esattamente ricostruite le tappe, fornendo anche precise determinazioni temporali (6). La storia universale di cui Vico fissa la cronologia si stacca, però, da ciò che comunemente si intende con questo termine, in quanto non si tratta di un unico svolgimento comprendente le vicende di tutti i popoli, ma dall'evoluzione di ciascuno di essi, sebbene non ne vengano stabiliti solo i momenti più significativi, ma anche la loro durata.

Per prima cosa, dunque, Vico pone un periodo preistorico di

---

(5) « L'età degli dei, nella quale gli uomini gentili credettero vivere sotto divini governi, e ogni cosa esser loro comandata con gli auspici o con gli oracoli, che sono le più vecchie cose della storia profana; l'età degli eroi, nella quale dappertutto essi regnarono in repubbliche aristocratiche, per una certa da essi riputata differenza di superior natura a quella de' lor plebei, e finalmente l'età degli uomini, nella quale tutti si riconobbero esser uguali in natura umana, e perciò vi si celebrarono prima le repubbliche popolari e finalmente le monarchie, le quali entrambe sono forme di governi umani ». G. B. Vico: op. cit., pag. 393.

(6) G. B. Vico: op. cit., pag. 484. « In questa guisa la cronologia ella ci vien accertata de' suoi tempi col progresso de' costumi e de' fatti, co' quali ha dovuto camminare il gener umano », pag. 604.

cento anni per la razza di Sem e di duecento per quella di Cam e Jafet e a questo fa seguire per novecento anni l'età degli dei, nel corso della quale, iniziando la vita sedentaria, compaiono le prime distinzioni per tribù, che, sostituendo quelle basate solo sulla razza, condurranno successivamente alla formazione dei popoli veri e propri. Vi è poi, l'età degli eroi che si estende per soli duecento anni contrariamente all'opinione comune che, attribuendo ad essa un numero esageratamente grande di eventi, la concepisce notevolmente più lunga di quella degli dei (7). Si giunge, così, alla terza età, quella degli uomini, nei riguardi della quale viene meno ogni esattezza di computo cronologico poiché qui il problema della fine coincide con quello del ricorso che, come si è visto, resta privo di soluzione univoca.

Il pensiero cristiano, dunque, nel suddividere la storia in epoche, ha sempre presente il fine ultraterreno, accertato dalla fede, e cerca, mediante l'applicazione di schemi simbolici di interpretazione, di stabilire l'esatta posizione che, in rapporto ad esso, occupa ogni periodo ed ogni evento. Tuttavia la storia non è limitata solo dalla meta trascendente verso cui essa tende, ma ha anche un inizio preciso e definito che rappresenta il secondo, fondamentale punto di riferimento dei singoli contesti. In relazione a questo inizio, cioè alla creazione del mondo, si ritiene di poter determinare l'esatta cronologia dello svolgimento della storia universale, ma si tratta, in realtà, di speculazioni prive di rigore scientifico e che, per di più, attribuiscono valore di universalità a quella che, invece, è solo una sezione storica limitata, poiché si considerano esclusivamente i fatti che sono, in qualche modo, riconducibili alle vicende del popolo eletto.

La prospettiva in cui si colloca la concezione vichiana dovrebbe escludere questo genere di calcoli per varie ragioni, ma, ancora una volta, ci si trova di fronte ad un compromesso tra la coerente riflessione storico filosofica e la tradizione. Innanzi tutto, una cronologia che assuma come base la creazione del mondo sconfina nel campo

---

(7) G. B. Vico: op. cit., pagg. 603 - 605.

della genuina conoscenza storica, in cui solamente, secondo Vico, si può raggiungere la verità, e si fonda su dati che richiederebbero un esame scientifico di ben altra natura o che devono essere accettati sull'indiscutibile testimonianza della fede. Quanto, poi, alla limitazione dell'orizzonte storico, implicita in questi tentativi di determinazione cronologica, essa si pone immediatamente in contrasto con uno dei principali caratteri della « storia ideal eterna » che è valida per ogni popolo, anche se lontano nel tempo e nello spazio e che, pertanto, non può essere identificata con la storia particolare di una singola civiltà a cui venga riconosciuta una eccezionale importanza (8).

Quel compromesso a cui si è ora accennato appare con la massima chiarezza all'inizio del primo libro (9), quando vengono illustrate le conseguenze innovatrici che scaturiscono dall'esaminare la cronologia della più antica storia secondo i nuovi principi e, nello stesso tempo, si pone come scopo dell'intera argomentazione quello di confermare « tutto il credibile cristiano, il quale tutto incomincia da ciò: che 'l primo popolo del mondo fu egli l'ebreo, di cui fu principe Adamo, il quale fu criato dal vero Dio con la criazione del mondo » (pag. 410).

Dopo questa asserzione, che ha un inequivocabile valore dogmatico, Vico espone il ruolo che nella sua opera è assolto dalla mitologia, ma la portata di questo metodo è già irrimediabilmente limitata dalla volontà di conciliarne i risultati con elementi che, in ogni caso, non possono essere messi in discussione.

Il punto di partenza remoto della storia universale è, come per ogni altra sfera di questo universo creato, il momento in cui Dio liberamente ha dato origine al mondo, ma essa, in quanto storia

---

(8) « Si avrà tutta spiegata la storia, non già particolare ed in tempo delle leggi e de' fatti de' romani o de' greci, ma (sull'identità in sostanza d'intendere e diversità de' modi lor di spiegarsi) si avrà la storia ideale delle leggi eterne, sopra le quali corron i fatti di tutte le nazioni, ne' lor sorgimenti, progressi, stati, decadenze e fini, se ben fusse (lo che è certamente falso) che dall'eternità di tempi in tempo nascessero mondi infiniti ». G. B. Vico: op. cit., pag. 695.

(9) G. B. Vico: op. cit., pagg. 407-411.

specificamente umana che si distacca, quindi, dai fenomeni naturali, viene fatta cominciare con il diluvio universale in seguito al quale si costituiscono quelle differenze razziali che determinano tutte le ulteriori vicende dei popoli (10).

A questo proposito Vico non si stacca minimamente dalla tradizione e fissa come data del diluvio l'anno 1656 dalla creazione, secondo quanto attestano le genealogie bibliche. Con questa data, dunque, inizia la storia universale vera e propria e Vico ne segue il corso, esaminando parallelamente i documenti della storia ebraica, a cui è riservata una posizione privilegiata, e le testimonianze contenute nei racconti mitici che, per questa prima fase, costituiscono l'unica fonte di notizie per ciò che riguarda lo sviluppo storico dei popoli pagani. Per prima cosa Vico fornisce una risposta alla questione riguardante l'antichità dei vari popoli e stabilisce che, contrariamente ad opinioni che erroneamente trovano numerosi consensi, « gli ebrei furono il primo popolo del nostro mondo ed hanno serbato con verità le loro memorie nella storia sacra fino dal principio del mondo » (pag. 412). Questa concezione, in realtà, non trova riscontro nella letteratura sacra che considera gli ebrei come popolo solo dopo la chiamata di Abramo (11), ma è introdotta per sottolineare la peculiarità della loro storia che non si svolge attraverso le tappe che segnano il cammino delle restanti nazioni e per dare un valore ancora maggiore al racconto biblico che serba inalterato un patrimonio storico notevolmente più cospicuo di quello che i miti tramandano con tali profonde alterazioni da essere spesso irriconoscibile (12). Ciò assicura, inoltre, un'ulteriore conferma all'importanza particolare della scrittura sacra anche al

---

(10) « Queste due degnità mettono in comparsa tutto il primo gener umano diviso in due spezie: una di giganti, l'altra di uomini di giusta corporatura; quelli gentili, questi ebrei (la quale differenza non può essere nata altronde che dalla ferina educazione di quelli e dall'umana di questi); e, 'n conseguenza, che gli ebrei ebbero altra origine da quella che hanno avuto i gentili ». G. B. Vico: op. cit., pag. 439. Inoltre pagg. 455 - 456.

(11) F. Nicolini: « Commento storico alla Seconda Scienza Nuova », Roma 1949, n. 51.

(12) G. B. Vico: « Principi di Scienza Nuova », ed. Sansoni, Firenze 1971, pag. 438.

fine di determinare cronologicamente le prime fasi storiche e spiega perché tali determinazioni assumano come base indiscutibile i dati scritturali con cui vengono, poi, accordati quelli provenienti dalla mitologia profana ai quali, però, è sempre riservato un posto subordinato. Come altrove, anche qui la preminenza riconosciuta fin dall'inizio a motivi che si connettono con l'autorità della tradizione religiosa costituisce la condizione preliminare affinché, seppure entro tali confini così nettamente circoscritti, possa svolgersi un'indagine realmente storica e critica, capace di dare un'interpretazione nuova ad elementi fino ad ora considerati solo superficialmente.

Dopo gli ebrei, dunque, Vico assegna il secondo posto, quanto ad antichità, alla monarchia degli assiri formatasi sulla base della preesistente popolazione caldea ridotta in soggezione dal re Nino (13). Fondandosi sulle proprie teorie relative ai miti quali trasfigurazioni delle prime fasi della vita dei popoli, Vico ritiene, pertanto, di poter fornire l'esatta interpretazione delle figure leggendarie di Zoroastro e di Nino che non devono essere considerati reali personaggi storici, bensì personificazioni fantastiche di ciò che si è compiuto lungo secoli di storia. Il distacco dalle spiegazioni comunemente accettate si fa qui particolarmente evidente poiché Vico giunge a negare la conquista dei caldei da parte degli assiri e l'uccisione di Zoroastro ad opera di Nino, considerando tali vicende come la trasposizione mitica delle lotte che, all'interno di uno stesso popolo, pongono fine al regime aristocratico, per dare origine ad uno stato fondato sulla libertà popolare, rappresentato dal re Nino (14). La storia degli assiri acquista, dunque, le sue vere dimensioni che mostrano, secondo Vico, come anche per essa abbia indiscutibile valore la cronologia fissata nella teoria delle tre età.

Con questa affermazione è tolto ogni valore alle tesi che pongono gli egiziani come il popolo più antico (15) e si spiega l'origine di questa falsa convinzione con il lungo isolamento che ha portato

---

(13) G. B. Vico: op. cit., pag. 412.
(14) F. Nicolini: « Commento storico alla Seconda Scienza Nuova », Firenze 1949, n. 55.
(15) G. B. Vico: « Principi di Scienza Nuova », ed. Sansoni, Firenze 1971, pagg. 407, 411, 413.

questa nazione a sopravvalutare la propria storia non conoscendo quella delle altre e ciò per la « proprietà della mente umana d'esser indiffinita, per la quale, delle cose che non sa, ella sovente crede sformamente più di quello che son in fatti esse cose » (pag. 409).

Anche in questo caso i personaggi dei miti vengono reinterpretati in modo da ottenere una piena coincidenza con le fasi attraverso cui si evolve ogni nazione e, in tal modo, Mercurio Trimegisto il vecchio (16), posto dalle leggende come il fondatore della civiltà egizia, viene considerato come la personificazione dell'età degli dei, in cui lentamente si gettano le basi della vita civile, e Mercurio Trimegisto il giovane (17), poi, non è altro che la raffigurazione fantastica delle vicende verificatesi nell'età degli eroi (18). Il ridimensionamento della storia egiziana non conduce solamente alla conclusione che tale popolo non può essere il più antico del mondo, ma permette di accordare la sua cronologia con quella biblica, risolvendo un problema estremamente controverso tra i cronografi fedeli ai dati scritturali e posti in seria difficoltà dalla esagerata antichità attribuita agli egizi (19). Questa demolizione delle leggende riguardanti gli egizi e l'attenta ricostruzione degli antecedenti storici della monarchia assira che, necessariamente, deve essere stata preceduta da un lungo periodo che giustifichi la sua instaurazione altrimenti inspiegabile, sono, senza dubbio, i temi più importanti di questa parte dedicata alla cronologia ed è significativo che proprio essi si stacchino dall'argomento cronologico vero e proprio, mostrando, così, come i risultati più fecondi Vico li ottenga quando, accantonando preoccupazioni estrinseche, si pone sul piano della reale critica storica e filologica, impostata filosoficamente.

Avendo, quindi, determinato i due momenti fondamentali a partire dai quali è possibile conoscere lo svolgimento della storia universale sacra e profana, Vico prosegue nell'interpretazione dei miti che, in forma fantastica, contengono una precisa narrazione

---

(16) G.B. VICO: op. cit., pagg. 415 - 416.
(17) G. B. VICO: op. cit., pagg. 417 - 418.
(18) F. NICOLINI: « Commento storico alla Seconda Scienza Nuova », ed. Sansoni, Firenze 1971, nn. 68 - 74.
(19) F. NICOLINI: op. cit., n. 45.

delle vicende storiche e ciò che risulta da questa analisi viene allineato ed esposto in una tavola cronologica (20) che, preposta al primo capitolo, consente di cogliere sinteticamente ciò che, più avanti, è esaminato in forma spesso molto approfondita, ma tutt'altro che sistematica. Naturalmente i dati di questa tavola, composta seguendo il metodo del Marsham di cui Vico, però, contesta le teorie relative agli egizi (21), hanno un valore estremamente ridotto ed, anzi, possono trovarsi in essi alcune lampanti contraddizioni, la più evidente delle quali è quella che fa durare l'età degli dei in Egitto meno di seicento anni, in opposizione a quella cronologia che Vico pone come una delle sue principali scoperte (22).

Una maggiore attendibilità si ottiene quando, al materiale finora utilizzato, si aggiunge quello proveniente dalla storia romana che si fonda su indicazioni cronologiche realmente desunte da testimonianze concrete e, non più, ricavate da elementi privi di effettiva consistenza storica. Le due cronologie, dunque, cioè quella che parte dal diluvio universale e quella che comincia con la fondazione di Roma vengono ora accostate (23) e Vico ritiene così di mostrare, attraverso la loro completa rispondenza, il valore della sua indagine sugli inizi della storia che sono, in tal modo, ridotti « a principi di scienza, per gli quali ai fatti della storia certa si rendano le loro primiere origini, sulle quali reggano e per le quali tra essoloro convengano » (pag. 431).

Concludendo, bisogna osservare che questa cronologia è, senza alcun dubbio, storicamente poco fondata, giacché si basa su racconti in prevalenza mitici e dà per scontati elementi biblici accettati acriticamente, ma mette in luce, ancora una volta, la complessità del pensiero vichiano che tenta di dare un'impostazione nuova e razionale a questioni largamente dibattute dalla tradizione.

---

(20) G. B. VICO: « Principi di Scienza Nuova », ed. Sansoni, Firenze 1971, pagg. 399 - 405.
(21) G. B. VICO: op. cit., pag. 413.
(22) F. NICOLINI: « Commento storico alla Seconda Scienza Nuova », Roma 1949, nn. 43 - 68.
(23) G. B. VICO: « Principi di Scienza Nuova », ed. Sansoni, Firenze 1971, pagg. 421 - 431.

CONCLUSIONE

Nella sua opera dedicata al pensiero di Vico (1), Croce si chiede se il filosofo napoletano debba essere considerato l'iniziatore della filosofia della storia, intesa come la riflessione che ha per suo specifico oggetto la storia universale, o se tale titolo non spetti, piuttosto, a Herder, e, infine, conclude a favore di quest'ultimo. In effetti, la filosofia di Herder (2), con il suo concetto di un'educazione del genere umano che si realizza nella storia con un continuo progresso verso mete sempre più alte, rappresenta un consapevole svolgimento, in senso laico e storico, dell'antica visione universalistica cristiana che fornisce, in questo caso, lo schema fondamentale, pur essendo profondamente trasformata dal contatto con un ambiente radicalmente diverso (3). La posizione di Vico nei riguardi della tradizione cristiana e, di conseguenza, del concetto della storia universale è, invece, estremamente più complessa in quanto egli vive e pensa all'interno di questa tradizione medesima e non si pone neppure lontanamente il problema di accettarla o meno poiché le sue componenti fanno parte di un patrimonio che è indiscutibile oggetto di fede. Ciononostante, lo sviluppo dei temi posti fin dall'inizio alla base del suo pensiero lo porta, molto spesso, a conclusioni che, come si è visto, si distaccano notevolmente dai suddetti motivi tradizionali che, accettati sul piano teorico e programmatico, vengono, invece, rifiutati o, per lo meno, alterati, nel corso della reale ricerca critica e filosofica. Ciò vale anche per numerosi elementi di secondaria importanza, ma è particolarmente evidente proprio nei confronti del concetto della storia universale, in rapporto

---

(1) B. Croce: « La filosofia di G. B. Vico », Bari 1962, pagg. 135 - 136.
(2) J. G. Herder: « Ancora una filosofia della storia per l'educazione dell'umanità », Torino 1971.
(3) C. Antoni: « Lo storicismo », Torino 1968, pagg. 95 - 97.

al quale è possibile vedere in che senso si debba parlare di continuità o di rottura verso il pensiero storico cristiano. Infatti, tale concetto si fonda su quelle idee che si sono esaminate in precedenza per mostrare le elaborazioni che Vico compie e cioè quella di un fine trascendente, quella di una distinzione tra la storia sacra e la storia profana e quella, più importante di tutte, della Provvidenza e, pertanto, le loro profonde modifiche devono, necessariamente, dare una nuova fisionomia all'universalità che si riconosce al processo storico. Questo, ora, perde il valore universale che ad esso deriva dal fine ultraterreno che giustifica anche la distinzione tra la storia sacra e profana e richiede continui e miracolosi interventi divini, ma, tuttavia, essendo diretto da leggi intrinseche alla natura umana e, quindi, aventi validità universale, acquista una nuova universalità non più trascendente, ma immanente alle stesse azioni individuali che creano la storia e ai vari contesti che, per quanto lontani tra loro, vengono compresi in un unico svolgimento uniforme. Da tutto ciò risulta una visione più ampia che non trascura alcun avvenimento come privo di significato, ma cerca di comprendere l'intima ragione per la quale ognuno di essi occupa un suo posto preciso e si differenzia dagli altri, pur essendo legato da una fitta trama di relazioni a quelli che lo circondano. La Provvidenza, poi, non è più garante del raggiungimento della meta assoluta, ma rafforza la connessione che già esiste tra i singoli eventi, volgendoli al suo scopo che, come si è visto, si attua nella storia stessa ed è, anzi, indissolubile dal suo corso concreto. Questo punto merita una attenzione particolare, poiché qui il distacco dalla tradizione diventa la condizione per una più positiva valutazione del mondo umano che si arricchisce di una nuova dimensione etica, fino a questo momento completamente estranea ad esso. Infatti, tutti i valori vengono proiettati in esso e questo mondo terreno rimane privo di significato e deve essere negato affinché l'eticità possa affermarsi. La concezione vichiana, invece, pone il fine divino all'interno della storia e, per di più, considera gli uomini come gli agenti, seppure spesso inconsapevoli, della sua realizzazione, e, quindi, risulta che essi non soltanto dànno origine a produzioni materiali, ma possono compiere anche opere aventi carattere etico e spirituale. E' vero, tuttavia, che rimane un dualismo tra il piano della Provvidenza e quello umano in cui i valori non sempre sono consapevolmente perseguiti, ma si tratta di una frattura intrinseca alla storia che compromette solo in parte questa sostanziale rivalutazione. Di conseguenza, l'individuale e l'universale non sono più identificati rispettivamente con il finito terreno e con l'infinito inattingibile in questo mondo e, quindi, viene meno la loro radicale contrapposizione che cede il posto ad una visione in cui ogni singolo atto, pur serbando intatta la sua individualità, rappresenta l'attuazione di valori universali che sono reali solo in questa forma concreta ed individuata. Anche la concezione tradizionale ammette, in effetti, che singoli eventi ed azioni abbiano un significato universale, ma solamente nel caso in cui sia possibile scorgere un nesso che li congiunge direttamente e immediatamente al fine assoluto e trascendente e, dunque, si tratta di un'universalità che implica la perdita dei caratteri individuali ai quali è negato ogni valore autonomo e positivo. Ora, invece, poiché l'universale è immanente alla storia, il suo legame con l'individuale è indissolubile ed entrambi acquistano realtà solo nel loro rapporto reciproco. E' difficile dire se Vico sia del tutto consapevole della portata rivoluzionaria di questi concetti che rappresentano una completa revisione dell'atteggiamento tradizionale nei riguardi dei valori universali, ma è certo che egli non svolge fino in fondo le conseguenze di tali idee che, nella « Scienza Nuova », coesistono con l'accettazione di dati di fede assolutamente inconciliabili con esse. Inoltre, per quanto la Provvidenza vichiana sia profondamente diversa da ciò che con questo termine si intende nel pensiero storico cristiano, essa rimane sempre la vera protagonista della storia che, pertanto, è notevolmente limitata nel suo significato di mondo umano in cui gli uomini, secondo quanto deriverebbe dalle premesse della riflessione di Vico, liberamente creano le situazioni della loro esistenza. Infatti ponendo il fine del divenire all'interno del processo storico medesimo, Vico compie, senza dubbio, un passo decisivo verso una nuova concezione dell'individuale, ma la totale rivalutazione dell'individualità umana non può prescindere da una più chiara e precisa soluzione del problema della Provvidenza. Si spiega così come, al di là delle questioni strettamente teologiche, proprio su questo punto siano più evidenti i dissensi tra gli interpreti di Vico, tendenti a cercare, nelle pagine della sua opera, affermazioni che risolvano in un senso o nell'altro questo problema che è reso ancora più complesso dal carattere dell'esposizione vichiana che, per la sua asistematicità, sembra fornire giustificazione anche a tesi tra loro contrastanti.

Ciò che qui interessa, tuttavia, non è tanto la singola interpretazione, quanto, piuttosto, la constatazione che mediante il distacco da una concezione tradizionale dell'universalità, vengono gettate le basi per un suo recupero su di un altro piano, non più religioso o metafisico, ma integralmente storico.

Questa asserzione dell'immanenza dell'universale dovrebbe dare origine ad una visione progressiva della storia poiché le varie formazioni individuali non sono in grado di realizzare, ognuna in se stessa, una piena universalità e, quindi, rinviano a sempre nuove attuazioni, in ciascuna delle quali è presente il valore universale senza, tuttavia, esserne mai completamente esaurito. Però, oltre alle incertezze che, come si è visto, derivano dal contrasto con i motivi tradizionali, vi è anche un altro limite, intrinseco al pensiero di Vico, che impedisce un coerente e completo svolgimento di questa concezione dell'immanenza da cui dovrebbe scaturire il concetto del progresso. Si tratta dell'idea del ricorso che si pone, in questa prospettiva, come un ostacolo insormontabile per poter intendere la storia come un processo unitario, il cui significato universale provenga dal concorso delle singole componenti individuali. Dell'ambiguità di questa idea del ricorso si è già parlato e qui resta solo da osservare che essa non compromette l'efficacia dell'azione della Provvidenza che in ogni corso storico raggiunge sempre il suo scopo e ad esso volge lo stesso ricorso, ma crea un ulteriore limite all'apprezzamento positivo dell'opera degli individui che non sono in grado di evitare la distruzione di ciò che hanno costruito e, anzi, ne sono essi stessi la causa.

I problemi posti da una visione universale della storia sono, indubbiamente, molto numerosi e complessi e Vico stesso mostra di esserne consapevole quando afferma che la sua opera merita il titolo di « Scienza Nuova » per aver saputo impostare scientificamente « un argomento universale quanto lo è d'intorno alla natura comune delle nazioni » (pag. 695). Tuttavia, tale chiarezza scientifica che Vico ritiene di avere raggiunto rimane, per lo più, allo stadio di intenzione programmatica e nel concreto svolgimento dell'indagine gli spunti più fecondi si alternano alle incertezze e alle contraddizioni. Così, per prima cosa, la decisa affermazione di voler assumere la storia universale come oggetto di una scienza vera e propria, da una parte è fondamentale al fine di sottrarre il mondo umano all'arbitrio delle opinioni, ma dall'altra, contrasta con la mancanza di una precisa e inequivocabile definizione del concetto della scienza.

Il significato universale della storia, poi, è garantito dalla Provvidenza di cui Vico fornisce un'idea originalmente nuova che si stacca dalla concezione tradizionale, ma ciò, nel momento stesso in cui assicura l'immanenza dei valori, crea una frattura tra il piano etico divino e quello umano utilitaristico e pone un grave limite alla creatività umana nella storia, pur essendo questo uno dei principali motivi su cui si fonda l'intera riflessione vichiana.

La presenza di questi elementi contraddittori impedisce, evidentemente, di determinare con certezza la posizione di Vico nei confronti della tradizione cristiana e può spiegare i numerosi tentativi compiuti da più parti per vedere la sua opera come quella di un fedele seguace dell'ortodossia, oppure di un libero pensatore che esclude ogni altra realtà al di fuori della storia. Malgrado ciò, e forse proprio grazie all'assenza di sistematicità scientifica che, mentre organizza, preclude la possibilità di ulteriori sviluppi originali e innovatori, l'importanza del pensiero storico vichiano non è minimamente compromessa e consiste, appunto, nell'aver trasferito tutti i problemi all'interno della storia medesima, che ora viene considerata in completa autonomia, con la convinzione di poter conoscere, in questo modo, le leggi a cui essa obbedisce e da cui trae la sua universalità, come Vico stesso afferma riassuntivamente dicendo che « questa Scienza vien ad essere ad un fiato una storia delle idee, costumi e fatti del gener umano; e da tutti e tre si vedranno uscir i principi della storia della natura umana, e questi esser i principi della storia universale » (pag. 473).

BIBLIOGRAFIA

Antoni C.: « Lo storicismo »; Torino, 1968.

Bultmann R.: « Storia ed escatologia »; Milano, 1962.

Croce B.: « La filosofia di G. B. Vico »; Bari, 1962.

Culmann O.: « Cristo e il tempo »; Bologna, 1965.

Dempf A.: « Sacrum Imperium »; Messina, 1924.

Hazard P.: « La crisi della coscienza europea »; Torino, 1968.

Löwith K.: « Significato e fine della storia »; ed. Comunità, 1965.

Mazzarino S.: « Il pensiero storico classico »; Bari, 1966.

Meinecke F.: « Le origini dello storicismo »; Firenze, 1954.

Nicolini F.: « Commento storico alla Seconda Scienza Nuova »; Roma, 1949.

Ragionieri E.: « La polemica su la Weltgeschichte »; Roma, 1951.

SOMMARIO

Introduzione alla seconda edizione . . . . Pag. III

Presentazione . . . . » V

Prefazione . . . . » IX

Capitolo I - Origine del concetto della storia universale e basi della riflessione vichiana . . . . . » 1

Capitolo II - Distinzione tra storia sacra e storia profana e concetto della Provvidenza . . . . . » 16

Capitolo III - Origine e funzione del diritto, genesi degli stati . » 26

Capitolo IV - Evoluzione delle forme di governo e problema del ricorso . . . . » 40

Capitolo V - Cronologia della storia universale . . . . » 51

Conclusione . . . . » 61